Cilli Reisingers
Brotaufstriche

E-mail: loewenzahn@studienverlag.at
Internet: www.loewenzahn.at

Buchgestaltung nach Entwürfen von Kurt Höretzeder
Satz: loewenzahn/Georg Rofner
Umschlag: loewenzahn/Stefan Rasberger

Fotos Innenteil und Umschlag: Matthias Part, außer: S. 14/15 und Vignetten: www.fotowerk.at

Gedruckt auf umweltfreundlichem, chlor- und säurefrei gebleichtem Papier.

Bibliografische Information Der Deutschen Bibliothek
Die Deutsche Bibliothek verzeichnet diese Publikation in der Deutschen Nationalbibliografie; detaillierte bibliografische Daten sind im Internet über <http://dnb.ddb.de> abrufbar.

ISBN 978-3-7066-2433-6

Cilli Reisingers

Brotaufstriche

Einfach gute Rezepte vom Bauernhof

lœwenzahn

Inhaltsübersicht

Cilli Reisingers Brotaufstriche

Inhaltsübersicht
Cilli Reisingers Brotaufstriche

Aufstriche mit Frischkäse und Gervais

Inhaltsübersicht
Cilli Reisingers Brotaufstriche

Verschiedene Aufstriche

Gute, gesunde Aufstriche auf gutes, gesundes Brot!

Alle, die mein erstes Buch „Cilli Reisingers Brotbackbuch“ kennen, wissen bereits, wie wichtig mir als Bäuerin das Thema „gesunde und bodenständige Ernährung“ ist. Selbstgebackenes Brot kann ein wichtiger Beitrag dazu sein, sich gesund und fit zu halten. Da nun auch Aufstriche sehr gut zu einem frischen Brot oder zu Semmeln und Weckerln passen, kam ich auf die Idee, meine seit vielen Jahren gesammelten Rezepte in einem zweiten Buch zusammenzufassen. Es ist eine ideale Ergänzung zum ersten, aber kann auch unabhängig davon gelesen und genützt werden.

Warum also Aufstriche selber machen?

Nun, sie schmecken einfach besser und bringen schmackhafte und gesunde Abwechslung aufs Brot. Durch die frischen Zutaten wie Topfen, Joghurt, Frischkäse, Buttermilch und andere Milchprodukte sind diese hier gesammelten Aufstriche sehr wertvoll für unsere Ernährung. Nicht nur für die Erwachsenen, sondern vor allem auch für die Kinder!

Besonders im Frühling und Sommer wachsen in unseren Gärten sehr viele Kräuter und Gemüse, die man optimal als Ingredienzien für Aufstriche verwerten kann. Es gibt so viele unterschiedliche Möglichkeiten, dies zu tun: Ein Jausenbrot für die Schule mit einem vitaminreichen Aufstrich etwa ist ebenso sinnvoll wie schmackhaft. Auch fürs kalte Buffet sind Aufstriche immer sehr beliebt. Dazu ein Glaserl mit einem guten Wein, das ist ein echter Genuss!

Aufstriche sind ebenso nahrhaft wie günstig. Es bleiben beim Kochen und Jausnen ohnehin oft Reste wie Käse und Wurst übrig, die sich so noch optimal nutzen lassen. Die meisten Brotaufstriche sind zudem schnell zubereitet und im Kühlschrank problemlos ein bis zwei Tage haltbar. Eine Ausnahme bilden diesbezüglich Erdäpfel- bzw. Kartoffelaufstriche. Diese sollten immer frisch zubereitet sein und dann gleich serviert werden. Erdäpfel haben sehr wertvolle Inhaltsstoffe mit sehr hohem Vitamin-C-Gehalt und sind auch kalorienarm. Wussten Sie etwa, dass Erdäpfel zu 75% aus Wasser bestehen und nur ca. 70 kcal/100 g besitzen? Sie enthalten kein Fett! Man kann auch Topfenaufstriche sehr ernährungsbewusst und mit wenig Kalorien zubereiten, indem man Buttermilch oder Joghurt statt Sauerrahm oder Schlagobers verwendet. Tipps wie diese finden Sie in diesem Buch viele. Vor allem mache ich Vorschläge,

wann und in welcher Kombination die Brotaufstriche besonders gut passen.
Zu guter Letzt habe ich in diesem Buch auch einige Rezepte für süße Aufstriche zusammengestellt. Das mögen einige vielleicht als ungewöhnlich empfinden, aber meine Erfahrung zeigt, dass sie nicht nur den Kindern besonders gut zum Frühstück oder zur Jause schmecken. Zudem lassen sie sich mit frischen Früchten sehr abwechslungsreich zubereiten.

Nun wünsche ich Ihnen viel Freude beim Selbermachen guter, gesunder Brotaufstriche. Lassen Sie es sich schmecken!

Cilli Reisinger
Bäuerin z'Bachschwölln in Taufkirchen an der Pram
im Sommer 2008

Unterschiedliche Lebensmittelbezeichnungen

Aus Zuschriften, die ich zu meinem Brotbackbuch etwa auch aus Deutschland erhalten habe, weiß ich, dass es erfreulicherweise nicht nur in Österreich gern gelesen und genutzt wird. Es ist mir daher wichtig, dass auch jenseits der rot-weiß-roten Grenzen Klarheit bezüglich der Lebensmittelbezeichnungen herrscht.
Anstelle von Landfrischkäse kann man auch Hüttenkäse bzw. Cottage Cheese bzw. körnigen Frischkäse verwenden. Der von mir auch des Öfteren genannte Gervais ist ein Frischkäse.
Die meisten sprachlichen Unterschiede sind dank überregionaler Kochbücher mittlerweile ja großteils bekannt: Topfen = Quark, Schlagobers = Sahne, Sauerrahm = saure Sahne, Crème fraîche = Schmand, Erdäpfel = Kartoffel und entsprechend Erdäpfelkas = Kartoffelkäse.

Abkürzungen

g = Gramm
l = Liter
EL = Esslöffel
TL = Teelöffel

Die wichtigsten Küchenkräuter und Gewürzpflanzen für die Brotaufstriche

Hier gebe ich Hinweise zu den allerwichtigsten Küchenkräutern und Gewürzpflanzen, die Sie für die Brotaufstriche in diesem Buch brauchen. Ich habe die Informationen dazu bewusst auf das Wesentliche reduziert.

Petersilie
verfeinert viele Brotaufstriche. Sie kann sehr gut tiefgefroren werden, somit hat man auch im Winter eine gute Würze. Petersilie wirkt verdauungsfördernd und enthält sehr viel Vitamin C.

Schnittlauch
sollte wenn möglich ganz frisch verarbeitet werden, kann aber auch gut eingefroren werden. Man sollte ihn immer roh verwenden. Schnittlauch, der einen sehr hohen Vitamin-C-Gehalt hat, kann man bei den meisten sauren Aufstrichen einsetzen.

Basilikum
passt besonders gut zu Aufstrichen mit Tomaten und Paprika. Auch zu Schafskäse schmeckt Basilikum hervorragend. Er sollte immer frisch verwendet werden. Basilikum hilft sehr gut bei Magenverstimmungen.

Thymian
hat einen sehr intensiven Geschmack, daher sollte man nur kleine Mengen bei den Aufstrichen verwenden. Thymian wirkt krampf- und schleimlösend.

Majoran
wirkt appetitanregend und macht Aufstriche besonders würzig. Er enthält ätherisches Öl und wird auch in der Volksmedizin eingesetzt.

Estragon
hat ein kräftiges Aroma, wirkt verdauungsfördernd und sollte sehr sparsam verwendet werden. Es wird auch zur Aromatisierung von Essig und Senf verwendet.

Zitronenmelisse
kann in Aufstrichen anstelle von Zitronensaft verwendet werden. Sie ist ein sehr erfrischendes Gewürz, das ätherische Öle enthält, die nervenstärkend wirken.

Bärlauch
ist im Geruch und Geschmack ähnlich wie Knoblauch. Er wächst schon sehr bald im Frühling und schmeckt zu Aufstrichen ausgezeichnet. Bärlauch enthält viele Vitamine und Mineralstoffe.

Brotaufstriche mit Topfen

Eieraufstrich mit frischen Kräutern

250 g Topfen
3 EL Sauerrahm
3 hartgekochte Eier
100 g Schinken
2 EL fein geschnittener Bärlauch
Schnittlauch
Salz und Pfeffer

Topfen mit Sauerrahm gut verrühren. Eier, Schinken und Schnittlauch fein schneiden und mit dem fein geschnittenen Bärlauch unter den Topfen mischen. Den Aufstrich mit Salz und Pfeffer würzen, in einer Schüssel anrichten und mit Schnittlauch bestreuen.

Dazu passt sehr gut frisches Bauernbrot!

Zigeunerkäse

250 g Magertopfen
100 g Butter
2 EL Sauerrahm
2 hartgekochte Eier
1 TL Sardellenpaste
1 TL Senf
1 kleine Zwiebel
1 Essiggurkerl
2 EL fein geschnittener roter Paprika (frisch oder aus dem Glas)
1 TL Kapern
etwas Chili oder scharfes Paprikapulver
Salz

Für die Garnitur:
roter Paprika

Butter mit Magertopfen und Sauerrahm cremig rühren, Eier, Essiggurkerl, Zwiebel, Paprika und Kapern fein schneiden und dazumischen. Mit der Sardellenpaste, Senf, Chili und Salz würzen, anrichten und mit rotem Paprika garnieren.

Zu diesem Aufstrich reicht man am besten frisches Bauernbrot und ein Glas Bier!

Scharfer Topfenaufstrich

250 g Topfen
50 g Butter
2 EL Schlagobers
1 EL Joghurt
50 g gekochter Selchroller
1 grüner Paprika
1 kleine Zwiebel
1 Pfefferoni
1 TL scharfer Senf
1 TL Paprikapulver
1 Prise Chilipulver
Salz

Für die Garnitur:
grüner Paprika

Butter cremig rühren, Topfen, Schlagobers und Joghurt darunterrühren. Alle anderen Zutaten fein schneiden und dazumischen. Dann mit Senf, Paprikapulver, Chili und Salz würzen, in einer Schüssel anrichten und mit grünen Paprikastreifen garnieren.

Selchfleischaufstrich

250 g Topfen
50 g Butter
3 EL Sauerrahm
1 EL Joghurt
100 g gekochter Selchroller
1 Apfel
1 Zwiebel
1 EL geriebener Kren
Petersilie, Estragon
Salz und Pfeffer

Für die Garnitur:
grüne Salatblätter

Butter, Topfen, Sauerrahm und Joghurt sehr cremig rühren, alle Zutaten fein schneiden und daruntermischen. Mit Salz und Pfeffer würzen und auf grünen Salatblättern anrichten.

Topfenaufstrich mit Schnittlauch und Kren

250 g Topfen
3 EL Sauerrahm
1 EL Schlagobers
1 kleine Zwiebel
1 EL fein geriebener Kren
100 g Krakauer
Schnittlauch
Salz und Pfeffer

Für die Garnitur:
grüne Salatblätter

Topfen, Sauerrahm und Schlagobers cremig rühren, Zwiebel, Krakauer und Schnittlauch fein schneiden und mit dem geriebenen Kren unter die cremige Masse mischen. Mit Salz und Pfeffer würzen. Den Aufstrich auf grünen Salatblättern anrichten und mit Schnittlauch bestreuen.

»Dazu frische Salzstangerl, das garantiert ein sehr gutes Abendessen!«

Gesunder Aufstrich

250 g Magertopfen
2 EL Sauerrahm
2 EL Joghurt
1 Karotte
4 Radieschen
1 Knoblauchzehe
Schnittlauch
Kräutersalz, Pfeffer

Für die Garnitur:
Radieschen

Topfen mit Sauerrahm und Joghurt gut verrühren, Karotten fein reiben, Radieschen und Schnittlauch ganz klein schneiden, Knoblauch mit etwas Salz zerdrücken und alles daruntermischen. Den Aufstrich mit Kräutersalz und Pfeffer würzen, auf einem Teller anrichten und mit Radieschen garnieren.

Mit Vollkornbrot serviert ergibt das eine sehr gesunde, vollwertige Jause!

Thunfisch-Ei-Aufstrich

250 g Magertopfen
100 g Butter
1 kleine Zwiebel
1 Dose Thunfisch natur oder mit Öl
1 hartgekochtes Ei
1/2 TL Paprikapulver
Salz und Pfeffer

Für die Garnitur:
Zwiebelringe
Paprikapulver

Butter cremig rühren, Topfen darunterrühren, den Thunfisch gut mit der Gabel zerdrücken, Ei und Zwiebel fein schneiden und daruntermischen. Den Aufstrich mit Salz, Pfeffer und Paprikapulver würzen, anrichten und mit Zwiebelringen und Paprikapulver bestreuen.

Zu diesem Aufstrich schmeckt frisches Weißbrot besonders gut!

Sardinenaufstrich

250 g Topfen
50 g Butter
2 EL Crème fraîche
1 Dose Sardinen
1/2 Zwiebel
1 Essiggurkerl
Salz und Pfeffer

Topfen mit Butter und Crème fraîche gut verrühren, Sardinen, Zwiebel und Essiggurkerl klein schneiden und daruntermischen. Mit Salz und Pfeffer würzen, in eine Schüssel geben und 1 Stunde ziehen lassen.

Radieschenaufstrich

250 g Magertopfen
3 EL Sauerrahm
2 EL Joghurt
5 Radieschen
1 EL fein geriebener Kren
1 EL Schnittlauch
1 EL Petersilie
Salz, weißer Pfeffer

Für die Garnitur:
Radieschen

Topfen mit Sauerrahm und Joghurt gut verrühren, Radieschen fein schneiden und mit den anderen Zutaten gut vermischen. Den Aufstrich mit Salz und Pfeffer würzen, auf einem Teller anrichten und mit Radieschen garnieren.

Mit frischen Vollkornweckerln servieren!

Lachsaufstrich

250 g Magertopfen
100 g Butter
2 EL Sauerrahm
2 EL Lachsschnitzel
aus dem Glas
1 Zwiebel
Salz und Pfeffer

Für die Garnitur:
Lachsschnitzel
Zwiebelringe

Butter sehr cremig rühren, Topfen und Sauerrahm dazurühren. Zwiebel fein schneiden und mit den Lachsschnitzeln daruntermischen. Den Aufstrich mit Salz und Pfeffer würzen und in einer Schüssel anrichten, mit Lachsschnitzeln und Zwiebelringen garnieren.

Frisches Weißbrot passt sehr gut dazu!

Liptauer

250 g Topfen
100 g Butter
3 EL Sauerrahm
1 TL Paprikapulver
1 Zwiebel
1 Essiggurkerl
1 TL Senf
Salz und Pfeffer

Für die Garnitur:
Essiggurkerl
Paprikapulver

Butter cremig rühren, Sauerrahm und Topfen dazurühren, Zwiebel und Essiggurkerl fein schneiden und daruntermischen. Mit Paprikapulver, Senf, Salz und Pfeffer würzen. Den Aufstrich in eine Schüssel geben, mit Essiggurkerl garnieren und mit Paprikapulver bestreuen.

Dieser Aufstrich passt sehr gut zu einer Heurigenjause mit einem Glas Wein!

Topfenaufstrich mit Räucherforelle

250 g Magertopfen
100 g Butter
3 EL Schlagobers
1 Räucherforellenfilet à ca. 150 g
1 EL Kren, gerieben
1 Apfel, gerieben
Petersilie
Salz, weißer Pfeffer

Butter sehr cremig rühren, mit Magertopfen und Schlagobers vermischen. Räucherforellenfilet klein schneiden und mit geriebenem Apfel und Kren zur Topfenmasse mischen. Den Aufstrich mit Petersilie, Salz und weißem Pfeffer würzen, anrichten und 1 Stunde ziehen lassen.

Am besten schmeckt Weißbrot oder Toastbrot dazu!

Dotterkäse

250 g Topfen
100 g Butter
2 EL Buttermilch
1 TL Senf
1 TL Sardellenpaste
2 hartgekochte Eier
Petersilie
Salz, weißer Pfeffer

Butter cremig rühren, Topfen und Buttermilch darunterrühren, Eidotter sehr fein hacken, Petersilie fein schneiden und mit der Sardellenpaste unter den Aufstrich mischen. Mit Salz und weißem Pfeffer würzen, in einer Schüssel anrichten, mit Petersilie und gehacktem Eiweiß bestreuen.

Selbstgemachtes Jourgebäck schmeckt sehr gut zu diesem Aufstrich!

Topfenaufstrich mit Tomaten und Paprika

250 g Magertopfen
3 EL Crème fraîche
2 EL Joghurt
3 Tomaten
1 grüner Paprika
100 g geriebener Hartkäse
1 TL Senf
1/2 TL scharfes Paprikapulver
frische Kräuter (Basilikum, Estragon, Petersilie)
Salz und Pfeffer

Topfen mit Crème fraîche und Joghurt gut verrühren, Tomaten schälen und feinwürfelig schneiden, Paprika klein schneiden und mit Käse, Kräutern und Senf mischen. Zum Schluss mit Paprikapulver, Salz und Pfeffer würzen. Den Aufstrich auf einem Teller anrichten und mit Kräutern bestreuen.

Dieser Aufstrich eignet sich auch sehr gut zum Füllen von Schinkenrollen!

Topfen-Walnuss-Aufstrich

250 g Topfen
100 g Butter
2 EL Sauerrahm
1 EL Joghurt
50 g geriebene Walnüsse
1 EL geriebener Kren
Salz, weißer Pfeffer

Für die Garnitur:
Walnusskerne

Butter flaumig rühren, Topfen, Sauerrahm und Joghurt darunterrühren, Walnüsse und Kren daruntermischen. Mit Salz und weißem Pfeffer würzen, anrichten und mit Walnusskernen bestreuen.

Den Aufstrich mindestens 1/2 Stunde ziehen lassen, damit sich der Geschmack besser entwickelt!

Pikanter Topfenkäse

250 g Magertopfen
3 EL Sauerrahm
2 EL Joghurt
2 Essiggurkerl
1 Zwiebel
1 hartgekochtes Ei
50 g Schinkenwurst
1 TL Senf
Schnittlauch, Petersilie
Salz und Pfeffer

Für die Garnitur:
Schnittlauch
Eierspalten

Magertopfen mit Sauerrahm und Joghurt gut verrühren, Essiggurkerl, Zwiebel, Ei, Schinkenwurst, Schnittlauch und Petersilie fein schneiden und daruntermischen.
Den Aufstrich mit Senf, Salz und Pfeffer würzen, mit Schnittlauch bestreuen und mit Eierspalten garnieren.

Mit diesem Aufstrich kann man auch Tomaten und Paprika fürs kalte Buffet füllen!

Topfenaufstrich mit Sellerie

250 g Topfen
2 EL Joghurt
2 EL Milch
100 g Selleriesalat aus dem Glas
1 Apfel
1 EL Zitronensaft
1/2 TL Zucker
Salz, Cayennepfeffer

Für die Garnitur:
Apfelspalten

Topfen mit Joghurt und Milch gut verrühren, Selleriesalat fein schneiden, Apfel reiben und mit Zitronensaft beträufeln, alles unter die Topfenmasse mischen. Mit Salz, Zucker und Cayennepfeffer würzen, anrichten und mit Apfelspalten garnieren.

Pikanter Brotaufstrich

150 g Topfen
100 g Frischkäse
2 EL Sauerrahm
1 EL Joghurt
1 Essiggurkerl
2 Sardellenringerl
1 Zwiebel
50 g Schinkenwurst
je 1 EL roter und
grüner Paprika,
fein geschnitten
1 EL fein geschnittene
Kresse
Schnittlauch
Salz und Pfeffer

Für die Garnitur:
roter und grüner
Paprika

Topfen mit Frischkäse, Sauerrahm und Joghurt cremig rühren und mit den anderen fein geschnittenen Zutaten vermengen. Mit Salz und Pfeffer würzen, anrichten und mit roten und grünen Paprikastreifen garnieren.

Dieser Aufstrich schmeckt sehr gut zu Vollkornbrot und grünem Salat!

Pikanter Apfelaufstrich

250 g Magertopfen
2 EL Schlagobers
2 EL Sauerrahm
2 säuerliche Äpfel
1 EL Zitronensaft
2 Frühlingszwiebeln
1 EL Tomatenketchup
Schnittlauch
Salz und Pfeffer

Magertopfen mit Schlagobers und Sauerrahm gut verrühren, Äpfel reiben und mit Zitronensaft beträufeln, Frühlingszwiebeln und Schnittlauch fein schneiden und mit Ketchup dazumischen. Den Aufstrich mit Salz und Pfeffer würzen, in eine Schüssel geben und mit Schnittlauch bestreuen.

Sonnenblumenkernaufstrich

150 g Magertopfen
100 g Butter
2 EL Crème fraîche
50 g Sonnenblumenkerne
50 g Lauch
Kräutersalz
weißer Pfeffer

Für die Garnitur:
geröstete Sonnenblumenkerne

Butter cremig rühren, Sauerrahm und Crème fraîche darunterrühren, Sonnenblumenkerne leicht rösten und fein mahlen, den Lauch fein schneiden und daruntermischen. Mit Kräutersalz und weißem Pfeffer würzen. Den Aufstrich in eine Schüssel geben und 1 Stunde durchziehen lassen. Mit gerösteten Sonnenblumenkernen bestreuen.

Mit Vollkornbrot serviert ergibt das eine sehr gesunde, vollwertige Jause!

Feuerzauber

250 g Topfen
50 g Butter
2 EL Sauerrahm
2 EL scharfes Ketchup
1 kleine Zwiebel
1 TL Currypulver
etwas Tabasco
Salz

Butter, Topfen und Sauerrahm sehr cremig rühren, Zwiebel fein hacken und mit dem Ketchup unter den Aufstrich rühren. Mit Curry, Tabasco und Salz würzen, 1/2 Stunde ziehen lassen und zur Jause servieren.

Dieser Aufstrich passt sehr gut zu frischem Roggenbrot und Speck!

Bärlauchaufstrich

250 g Topfen
100 g Butter
2 EL Sauerrahm
2 EL Joghurt
1 Handvoll Bärlauch
2 Frühlingszwiebeln
Salz und Pfeffer

Für die Garnitur:
Bärlauch

Butter cremig rühren, mit Topfen, Sauerrahm und Joghurt verrühren, Bärlauch und Frühlingszwiebeln fein schneiden und dazumischen. Mit Salz und Pfeffer würzen, anrichten und mit fein geschnittenem Bärlauch bestreuen.

Ein sehr gesunder Aufstrich im Frühling zur Bärlauchzeit!

Scharfer Topfenaufstrich

250 g Topfen
50 g Butter
3 EL Crème fraîche
1 Zwiebel
1 Pfefferoni
50 g Pfeffersalami
2 EL scharfes Tomatenketchup
1 TL scharfer Senf
Salz, Cayennepfeffer

Butter, Topfen und Crème fraîche sehr cremig rühren, Zwiebel, Pfefferoni und Salami fein schneiden und daruntermischen. Den Aufstrich mit Tomatenketchup, Senf, Salz und Pfeffer würzen, in einer Schüssel anrichten und mit Cayennepfeffer bestreuen.

Frisches Bauernbrot und ein Glas Bier schmecken dazu besonders gut!

Sardinenaufstrich mit Eiern

250 g Magertopfen
50 g Butter
3 EL Crème fraîche
2 hartgekochte Eier
1 grüner oder gelber Paprika
1 kleine Zwiebel
1 TL Senf
Salz und Pfeffer

Für die Garnitur:
Eierspalten
grüner oder gelber Paprika

Topfen mit Butter und Crème fraîche sehr flaumig rühren, Eier, Paprika und Zwiebel fein schneiden und daruntermischen. Mit Senf, Salz und Pfeffer würzen, auf einem Teller anrichten, mit Eierspalten und Paprikastreifen garnieren.

Sacherkäse

250 g Magertopfen
100 g weiche Butter
3 EL Crème fraîche
1 EL Joghurt
2 hartgekochte Eier
1/2 Zwiebel
1 TL Senf
1 TL Sardellenpaste
Salz und
Cayennepfeffer

Butter mit Magertopfen, Crème fraîche und Joghurt flaumig rühren, Eier und Zwiebel fein schneiden und mit Senf und Sardellenpaste daruntermischen. Mit Salz und Cayennepfeffer abschmecken und vor dem Servieren noch etwas ziehen lassen.

Vitamin-Topfenkäse

250 g Magertopfen
2 EL Sauerrahm
2 EL Joghurt
1 roter Paprika
50 g fein geriebene Salatgurke
3 Radieschen
2 Frühlingszwiebeln
Schnittlauch
Salz und Pfeffer

Für die Garnitur:
Gurkenscheiben
Radieschen

Magertopfen mit Sauerrahm und Joghurt gut verrühren, die anderen Zutaten klein schneiden und daruntermischen. Zuletzt mit Salz und Pfeffer würzen, anrichten und mit Gurkenscheiben und Radieschen garnieren.

Vollkornweckerl mit Vitamin-Topfenkäse ergeben eine sehr gesunde Schuljause!

Topfenaufstrich mit Kräutern und Knoblauch

250 g Topfen
2 EL Sauerrahm
2 EL Milch
2 Frühlingszwiebeln
1 Knoblauchzehe
verschiedene frische Kräuter (Dill, Petersilie, Estragon, Basilikum, Schnittlauch)
Salz, weißer Pfeffer

Topfen mit Sauerrahm und Milch gut verrühren, Frühlingszwiebeln, Knoblauch und Kräuter fein hacken und dazumischen. Mit Salz und weißem Pfeffer würzen und mit verschiedenen Kräutern bestreuen.

Diese Topfencreme passt auch sehr gut zu gegrilltem Fleisch!

Aufstrich mit Käseresten

100 g Magertopfen
50 g Butter
2 EL Sauerrahm
2 EL Joghurt
100 g Hartkäsereste
2 hartgekochte Eier
1 TL Paprikapulver
Schnittlauch und
Petersilie
Salz und Pfeffer

Für die Garnitur:
Paprikapulver

Butter mit Topfen, Sauerrahm und Joghurt cremig rühren, Hartkäse reiben, Eier, Schnittlauch und Petersilie klein schneiden und dazumischen. Mit Paprikapulver, Salz und Pfeffer würzen. Anrichten, 1 Stunde ziehen lassen und mit Paprikapulver bestreuen.

Frühlingsaufstrich

250 g Magertopfen
50 g Butter
2 EL Sauerrahm
5 Radieschen
2 Frühlingszwiebeln
2 EL fein gehackter
Bärlauch
Schnittlauch
Salz, weißer Pfeffer

Für die Garnitur:
Bärlauch oder
Schnittlauch

Magertopfen mit Butter und Sauerrahm sehr gut verrühren, Radieschen, Frühlingszwiebeln und Schnittlauch fein schneiden und mit dem fein gehackten Bärlauch daruntermischen. Mit Salz und weißem Pfeffer würzen, in eine Schüssel geben und mit fein geschnittenem Bärlauch oder Schnittlauch bestreuen.

Am besten mit selbstgebackenen Vollkornweckerln servieren!

Käseaufstrich

250 g Magertopfen
3 EL Crème fraîche
2 EL Joghurt
100 g geriebener Hartkäse (Emmentaler, Bergkäse)
1 Zwiebel
2 Essiggurkerl
1 TL Senf
Schnittlauch
Salz, Paprikapulver

Topfen mit Crème fraîche und Joghurt gut verrühren, Zwiebel, Essiggurkerl und Schnittlauch klein schneiden und mit den geriebenen Käse daruntermischen. Den Aufstrich mit Senf, Salz und Paprikapulver würzen, anrichten und mit Schnittlauch bestreuen.

Dieser Aufstrich eignet sich gut zur Verwertung von Käseresten!

Eieraufstrich mit Schinken

250 g Magertopfen
50 g Butter
2 EL Schlagobers
2 EL Joghurt
50 g Schinken
2 hartgekochte Eier
2 Essiggurkerl
1/2 Zwiebel
Schnittlauch
1 TL Currypulver
Salz, Cayennepfeffer

Butter mit Magertopfen, Schlagobers und Joghurt sehr cremig rühren, Schinken, Eier, Gurkerln, Zwiebel und Schnittlauch fein schneiden und dazumischen. Den Aufstrich mit Currypulver, Salz und Cayennepfeffer gut würzen, in eine Schüssel geben und mit Schnittlauch bestreuen.

Scharf-würziger Topfenkäse

250 g Magertopfen
2 EL Joghurt
2 EL Sauerrahm
1 kleine Zwiebel
1 Essiggurkerl
1/2 grüner Paprika
1 Knoblauchzehe
1 TL scharfer Senf
1 TL Paprikapulver
1 Prise gemahlener Kümmel
3 Tropfen Tabasco
Salz und Pfeffer

Für die Garnitur:
grüner Paprika

Topfen mit Joghurt und Sauerrahm gut verrühren, Zwiebel, Essiggurkerl, Paprika und Knoblauch fein schneiden und daruntermischen. Mit Senf, Salz und den Gewürzen gut abschmecken, auf einem Teller anrichten und mit grünen Paprikastreifen garnieren.

Streichen Sie diesen Aufstrich auf frisches Sonnenblumenbrot und genießen Sie!

Tomaten-Oliven-Aufstrich

250 g Magertopfen
3 EL Sauerrahm
2 EL Tomatenketchup
2 Tomaten
1 EL gehackte Oliven
1 Sardellenfilet
1 kleine Zwiebel
1 Knoblauchzehe
Petersilie
Salz und Pfeffer

Für die Garnitur:
Tomaten
Oliven

Magertopfen mit Sauerrahm und Ketchup gut verrühren, die anderen Zutaten fein schneiden und dazumischen. Mit Salz und Pfeffer würzen, auf einem Teller anrichten, mit Tomaten und Oliven garnieren.

Dazu schmecken selbstgebackene Salzstangerln besonders gut!

Pikanter Wurstaufstrich

150 g Magertopfen
100 g Butter
2 EL Sauerrahm
100 g Pikantwurst
1 hartgekochtes Ei
1 Essiggurkerl
1 EL roter Paprikasalat
Petersilie
Salz, Chilipulver

Für die Garnitur:
grüne Salatblätter

Magertopfen mit Butter und Sauerrahm gut verrühren, die anderen Zutaten fein schneiden und daruntermischen. Mit Salz und Chilipulver würzen, anrichten und auf grünem Salat servieren.

Topfenaufstrich mit Nüssen und Sellerie

250 g Magertopfen
2 EL Joghurt
2 EL Sauerrahm
50 g Sellerie
1 Apfel
50 g gehackte Walnüsse
1 EL Zitronensaft
Schnittlauch
Salz und Pfeffer

Topfen mit Joghurt und Sauerrahm verrühren, Sellerie und Apfel fein reiben und mit dem Zitronensaft beträufeln, dann mit den Walnüssen und dem fein geschnittenen Schnittlauch zum Aufstrich geben. Mit Salz und Pfeffer würzen, anrichten und mit gehackten Walnüssen bestreuen.

Dieser Aufstrich passt sehr gut zu Vollkornbrot mit Walnüssen!

Aufstrich mit Salami und Kapern

250 g Topfen
100 g Butter
2 EL Sauerrahm
50 g Salami
1 TL Kapern
1 EL Paprikasalat
aus dem Glas
1 Essiggurkerl
Salz und Pfeffer
Schnittlauch

Butter cremig rühren, Topfen und Sauerrahm darunterrühren, Salami, Kapern, Paprikasalat und Essiggurkerl fein schneiden und dazumischen. Mit Salz und Pfeffer würzen, in eine Schüssel geben und mit Schnittlauch bestreuen.

Avocadoaufstrich

150 g Magertopfen
2 EL Sauerrahm
2 weiche Avocados
1 EL Zitronensaft
Salz und Pfeffer

Topfen mit Sauerrahm cremig rühren, Avocados halbieren, den Kern herausnehmen und das Fruchtfleisch mit einem Löffel aus der Schale geben, zerkleinern und in die Topfencreme mischen. Mit Zitronensaft, Salz und Pfeffer würzen, gut verrühren und 1/2 Stunde ziehen lassen.

Dieser Aufstrich schmeckt auch als Dip zu Gemüsestreifen sehr gut!

Fisch-Topfen-Aufstrich

250 g Topfen
50 g Butter
2 EL Crème fraîche
1 Dose Thunfisch
mit Gemüse
1 kleine Zwiebel
1 Essiggurkerl
1 hartgekochtes Ei
Petersilie, Dill
Salz und Pfeffer

Butter mit Topfen und Crème fraîche sehr cremig rühren, Thunfisch mit der Gabel fein zerdrücken, die anderen Zutaten fein schneiden und daruntermischen.
Mit Salz und Pfeffer würzen und mit fein geschnittenem Dill bestreuen.

Den Aufstrich auf frische Baguetteschnitten streichen und mit Essiggurkerl garnieren, das ergibt eine feine Jause zwischendurch!

Salami-Gurken-Aufstrich

200 g Magertopfen
100 g Butter
2 EL Sauerrahm
50 g Salami
100 g Salatgurke
1 Knoblauchzehe
Salz, Chilipulver

Für die Garnitur:
Gurkenscheiben

Magertopfen mit Butter und Sauerrahm cremig rühren, Salami fein schneiden, Salatgurke schälen und reiben, gut ausdrücken. Knoblauch zerdrücken und alles zusammenmischen. Mit Salz und Chilipulver würzen.

Hübsch sieht es aus, wenn man den Aufstrich auf Gurkenscheiben dressiert!

Wiener Krentopfen

250 g Topfen
2 EL Schlagobers
2 EL Joghurt
2 EL geriebener Kren
50 g Krakauer
Schnittlauch
Petersilie
Salz und Pfeffer

Topfen mit Schlagobers und Joghurt cremig rühren, Krakauer, Schnittlauch und Petersilie fein schneiden und mit dem geriebenen Kren daruntermischen. Mit Salz und Pfeffer würzen, in eine Schüssel geben und mit Schnittlauch bestreuen.

Curry-Eier-Aufstrich

250 g Magertopfen
50 g Butter
2 EL Sauerrahm
2 EL Joghurt
2 hartgekochte Eier
1 TL Currypulver
Kresse oder
Schnittlauch
Salz, Cayennepfeffer

Magertopfen mit Butter cremig rühren, Sauerrahm und Joghurt dazurühren, Eier, Kresse oder Schnittlauch fein schneiden und dazumischen. Den Aufstrich mit Currypulver, Salz und Cayennepfeffer würzen, in eine Schüssel geben und mit Kresse oder Schnittlauch bestreuen.

Topfen-Erdäpfel-Aufstrich

250 g Topfen
2 Erdäpfel
2 EL Sauerrahm
2 EL Buttermilch
50 g Toastschinken
2 Essiggurkerl
1 TL Paprikapulver
Petersilie, Schnittlauch
Salz und Pfeffer

Für die Garnitur:
Paprikapulver
Schnittlauch

Erdäpfel kochen und noch heiß durch die Kartoffelpresse drücken, auskühlen lassen und mit Topfen, Sauerrahm und Buttermilch gut verrühren. Toastschinken, Essiggurkerl, Petersilie und Schnittlauch fein schneiden und daruntermischen. Den Aufstrich mit Salz und Pfeffer würzen, in einer Schüssel anrichten und mit Paprikapulver und Schnittlauch bestreuen.

Buttermilchweckerl mit Sesam sind eine optimale Ergänzung zu diesem Aufstrich!

Pikanter Eieraufstrich mit Kresse

250 g Magertopfen
50 g Butter
2 EL Sauerrahm
2 EL Joghurt
1 TL Senf
2 hartgekochte Eier
3 EL Kresse
Salz, weißer Pfeffer

Für die Garnitur:
Kresse

Butter mit Topfen cremig rühren, Sauerrahm und Joghurt dazurühren, Senf, klein geschnittene Eier und fein geschnittene Kresse dazumischen. Mit Salz und weißem Pfeffer würzen, in eine Schüssel geben und mit Kresse bestreuen.

Statt Kresse kann man auch Rucola verwenden!

Gorgonzolaaufstrich mit Salami

100 g Magertopfen
100 g Gorgonzola
2 EL Sauerrahm
50 g Salami
2 Essiggurkerl
1 Pfefferoni
Salz und Pfeffer

Magertopfen mit Sauerrahm verrühren, Gorgonzola mit der Gabel zerdrücken und dazurühren. Essiggurkerl, Salami und Pfefferoni fein schneiden und zum Aufstrich mischen. Mit Salz und Pfeffer würzen, anrichten und zur Jause servieren.

Topfenaufstrich mit Champignons

250 g Topfen
50 g Butter
2 EL Sauerrahm
100 g fein geschnittene Champignons
50 g durchwachsener Speck
1 kleine Zwiebel
1 TL Olivenöl
1 EL fein geschnittene Petersilie
Salz und Pfeffer

Für die Garnitur:
Petersilie

Speck klein schneiden, in Olivenöl mit fein geschnittener Zwiebel und Champignons gut anrösten und auskühlen lassen. Topfen mit Butter und Sauerrahm cremig rühren und mit den anderen Zutaten verrühren. Den Aufstrich mit Salz und Pfeffer würzen, auf einem Teller anrichten und mit Petersilie bestreuen.

Diesen Aufstrich serviert man am besten mit frischem Bauernbrot!

Pikanter Topfenaufstrich

250 g Topfen
100 g Butter
2 EL Crème fraîche
50 g Putenschinken
50 g Hartkäse
2 Essiggurkerl
2 Pfefferoni
1 EL roter Paprikasalat
1 hartgekochtes Ei
Schnittlauch
1 TL Senf
1 TL Paprikapulver
Salz und Pfeffer

Für die Garnitur:
roter Paprika
Essiggurkerl

Topfen mit Butter und Crème fraîche verrühren, die anderen Zutaten fein schneiden und dazumischen. Mit Senf, Paprikapulver, Salz und Pfeffer würzen, anrichten und mit roten Paprikastreifen und Essiggurkerl garnieren.

Topfen-Wurst-Aufstrich

200 g Topfen
50 g Butter
3 EL Sauerrahm
1 EL Joghurt
2 Essiggurkerl
100 g Pikantwurst
1 TL scharfer Senf
1 TL Kapern
Schnittlauch, Petersilie
Salz, Cayennepfeffer

Für die Garnitur:
Blattsalat

Topfen mit Butter, Sauerrahm und Joghurt cremig rühren, Essiggurkerl, Pikantwurst, Kapern, Schnittlauch und Petersilie fein schneiden und dazumischen. Mit Salz und Cayennepfeffer würzen und auf Blattsalat anrichten.

Am besten mit selbstgemachten Vollkornweckerln servieren!

Schinken-Paprika-Aufstrich

250 g Topfen
2 EL Schlagobers
2 EL Joghurt
1 roter Paprika
50 g Burgunderschinken
1 Knoblauchzehe
2 EL frische Gartenkräuter (Basilikum, Estragon, Petersilie, Schnittlauch)
1 Prise Chilipulver
Salz

Für die Garnitur:
roter Paprika
Kräuter

Topfen mit Schlagobers und Joghurt cremig rühren, Paprika, Schinken, Knoblauch und Kräuter fein schneiden und daruntermischen. Mit Salz und Chilipulver würzen, anrichten und mit Paprikastreifen und mit Kräutern garnieren.

Topfenaufstrich mit roten Rüben und Kren

250 g Magertopfen
2 EL Crème fraîche
2 EL Joghurt
3 EL Rote-Rüben-Salat aus dem Glas
1 EL frisch geriebener Kren
1 geriebener Apfel
1 EL Zitronensaft
Salz, weißer Pfeffer

Für die Garnitur:
Apfelspalten

Topfen mit Crème fraîche und Joghurt gut verrühren, rote Rüben fein schneiden und mit Kren, Apfel und Zitronensaft zusammenmischen. Den Aufstrich mit Salz und weißem Pfeffer würzen, gut durchziehen lassen, anrichten und mit Apfelspalten garnieren.

Dieser Aufstrich bringt Farbe ins kalte Buffet!

Walnusstopfen

250 g Magertopfen
3 EL Sauerrahm
50 g geriebene Walnüsse
50 g geriebener Hartkäse
50 g fein geschnittene Weintrauben
Salz, weißer Pfeffer

Für die Garnitur:
Weintrauben

Magertopfen mit Sauerrahm cremig rühren, Walnüsse, Hartkäse und Weintrauben daruntermischen. Den Aufstrich mit Salz und Pfeffer würzen, auf einem Teller anrichten und mit Weintrauben garnieren.

Ganz besonders schmeckt dieser Aufstrich auf frischem Bauernbrot und mit einem Glas Wein!

Aufstrich mit geräucherter Makrele

250 g Topfen
100 g Butter
1 geräucherte Makrele ohne Haut und Gräten
1 kleine Zwiebel
1 fein geriebener Apfel
1 EL Zitronensaft
Salz und Pfeffer

Topfen und Butter sehr cremig rühren, Makrele und Zwiebel fein schneiden und mit dem geriebenen Apfel und Zitronensaft dazumischen. Den Aufstrich mit Salz und Pfeffer würzen, in eine Schüssel geben und etwas durchziehen lassen.

Zu diesem Aufstrich serviert man am besten frisches Weißbrot!

Bärlauch-Schinken-Topfen

200 g Topfen
50 g Butter
2 EL Joghurt
2 EL Sauerrahm
3 EL fein geschnittener Bärlauch
50 g Toastschinken
2 Frühlingszwiebeln
Salz und Pfeffer

Für die Garnitur:
Bärlauch

Topfen, Butter, Joghurt und Sauerrahm cremig rühren, Toastschinken und Frühlingszwiebeln klein schneiden und mit dem fein geschnittenen Bärlauch dazumischen.
Mit Salz und Pfeffer würzen, anrichten, mit fein geschnittenem Bärlauch bestreuen und 1 Stunde ziehen lassen.

»*Dazu passt frisches selbstgebackenes Dinkelvollkornbrot!*«

Feiner Dillaufstrich

250 g Magertopfen
2 EL Schlagobers
2 EL Milch
2 EL fein gehackter Dill
50 g Salatgurke
2 Knoblauchzehen
Kräutersalz, Pfeffer

Für die Garnitur:
frischer Dill

Magertopfen mit Schlagobers und Milch gut verrühren, Salatgurke reiben, etwas ausdrücken, Knoblauch fein schneiden und mit dem gehackten Dill alles zusammenmischen. Mit Kräutersalz und Pfeffer würzen, in eine Schüssel geben und mit fein gehacktem Dill bestreuen.

Steirischer Brotaufstrich

150 g Topfen
50 g Butter
2 EL Sauerrahm
1 EL Kürbiskernöl
100 g gekochter Selchroller
2 Essiggurkerl
1 Pfefferoni
1 kleine Zwiebel
Salz und Pfeffer

Für die Garnitur:
gehackte Essiggurkerl

Topfen, Butter, Sauerrahm und Kürbiskernöl cremig rühren, die anderen Zutaten klein schneiden und daruntermischen. Den Brotaufstrich mit Salz und Pfeffer würzen, anrichten und mit gehackten Essiggurkerln bestreuen.

Ein sehr guter Aufstrich zur Heurigenjause!

Topfenaufstrich mit Putenbrust und Kräutern

250 g Magertopfen
3 EL Joghurt
3 EL Milch
50 g Putenwurst (Extrawurst oder Krakauer)
2 EL fein geschnittener Lauch
2 EL fein geschnittene Kräuter
Salz, weißer Pfeffer

Für die Garnitur:
frische Kräuter

Magertopfen mit Joghurt und Milch gut verrühren, Putenwurst klein schneiden, mit Lauch und den Kräutern daruntermischen. Den Aufstrich mit Salz und weißem Pfeffer würzen, anrichten und mit fein geschnittenen Kräutern bestreuen.

Gemüsetopfenkäse

250 g Magertopfen
2 EL Sauerrahm
2 EL Buttermilch
50 g fein geriebene Karotten
50 g fein geriebener Kohlrabi
50 g fein geschnittener Lauch
1 fein geriebener Apfel
1 EL Zitronensaft
Schnittlauch
Salz, weißer Pfeffer

Magertopfen mit Sauerrahm und Buttermilch gut verrühren, alle anderen Zutaten dazumischen, mit Zitronensaft, Salz und weißem Pfeffer würzen, in eine Schüssel geben und mit Schnittlauch bestreuen.

Zum kalten Buffet mit Weißbrot servieren!

Topfen-Frischkäse-Aufstrich

200 g Topfen
100 g Frischkäse
2 EL Crème fraîche
1 fein geriebene Karotte
1 EL Kürbiskernöl
Basilikum, Schnittlauch
Salz und Pfeffer

Für die Garnitur:
1 EL geröstete Kürbiskerne

Topfen mit Frischkäse und Crème fraîche gut verrühren, Basilikum und Schnittlauch fein schneiden und mit der fein geriebenen Karotte und dem Kürbiskernöl daruntermischen. Mit Salz und Pfeffer würzen, in eine Schüssel geben und mit gerösteten Kürbiskernen bestreuen.

Topfen-Bier-Aufstrich mit Schinken

250 g Topfen
2 EL Sauerrahm
3 EL Bier
100 g geräucherter Schinken
1 Essiggurkerl
2 hartgekochte Eier
1 TL Paprikapulver
1 EL fein geschnittene Petersilie
Salz und Cayennepfeffer

Für die Garnitur:
Eierspalten

Topfen mit Sauerrahm und Bier sehr cremig rühren, Schinken, Essiggurkerl und Eier klein schneiden und dazumischen. Petersilie darunterrühren, mit Salz und Cayennepfeffer würzen, anrichten und mit Eierspalten garnieren.

Pistazienaufstrich mit Räucherlachs

250 g Topfen
50 g Butter
2 EL Crème fraîche
50 g gemahlene Pistazien
100 g geräucherter Lachs
1 EL Zitronensaft
1 Prise Zucker
Salz und Pfeffer

Für die Garnitur:
Lachsstreifen

Topfen mit Butter und Crème fraîche cremig rühren, den Lachs klein schneiden und mit den anderen Zutaten zum Topfen mischen. Den Lachsaufstrich mit Salz und Pfeffer würzen, in eine Schüssel geben und mit Lachsstreifen garnieren.

Dazu schmeckt ein frisches Baguette sehr gut! Perfekt eignet sich dieser Aufstrich auch als Füllung für Lachsröllchen!

Pikanter Karottenaufstrich

250 g Topfen
2 EL Sauerrahm
2 EL Apfelsaft
1 EL Honig
100 g fein geriebene Karotten
50 g geriebene Walnüsse
Salz, weißer Pfeffer

Für die Garnitur:
Walnusskerne

Topfen, Sauerrahm, Apfelsaft und Honig gut verrühren, Karotten und Walnüsse daruntermischen und mit Salz und Pfeffer würzen. Den Aufstrich auf einem Teller anrichten und mit Walnusskernen garnieren.

Mit frischem Vollkornbrot und einem Glas Wein schmeckt dieser Aufstrich besonders gut!

Kohlrabitopfen mit Dill

200 g Magertopfen
50 g Butter
3 EL Schlagobers
100 g fein geriebener Kohlrabi
1 EL fein geschnittener Dill
Salz, weißer Pfeffer

Für die Garnitur:
frischer Dill

Butter mit Topfen und Schlagobers cremig rühren, Kohlrabi und Dill daruntermischen. Den Aufstrich mit Salz und weißem Pfeffer würzen, auf frische Weißbrotscheiben streichen und mit Dill garnieren.

Topfenkäse mit Nüssen und Karotten

200 g Topfen
2 EL Sauerrahm
2 EL Joghurt
1 TL Honig
50 g gehackte Walnüsse
50 g fein geriebene Karotten
1 EL Zitronensaft
Salz, weißer Pfeffer

Für die Garnitur:
gehackte Walnüsse

Topfen mit Sauerrahm, Joghurt und Honig gut verrühren, Walnüsse und Karotten daruntermischen. Mit Salz und weißem Pfeffer würzen, in einer Schüssel anrichten und mit gehackten Walnüssen bestreuen.

Dieser Aufstrich schmeckt auch zum Frühstück sehr gut!

Rucola-Topfen-Aufstrich

150 g Topfen
50 g Butter
2 EL Sauerrahm
3 EL fein geschnittener Rucola
2 Frühlingszwiebeln
1 Knoblauchzehe
Salz und Pfeffer

Für die Garnitur:
Blattsalat

Topfen mit Butter cremig rühren, Sauerrahm dazurühren, Frühlingszwiebeln und Knoblauchzehe klein schneiden und mit dem Rucola dazumischen. Mit Salz und Pfeffer würzen und auf Blattsalaten anrichten.

Dieser Aufstrich ist in Kombination mit frischen Käseweckerln eine echte Gaumenfreude!

Lauch-Schinken-Aufstrich

150 g Magertopfen
50 g Butter
2 EL Sauerrahm
50 g Lauch
50 g Räucherschinken
1 Prise Zucker
1 TL Zitronensaft
Salz, Cayennepfeffer

Für die Garnitur:
Lauchringerl
Schinkenstreifen

Topfen, Butter und Sauerrahm gut verrühren, Lauch und Räucherschinken fein schneiden und dazumischen. Mit Zucker, Zitronensaft, Salz und Cayennepfeffer würzen, auf einen Teller geben und mit Lauchringerln und Schinkenstreifen garnieren.

Topfenaufstrich mit Rettich

250 g Topfen
50 g Butter
2 EL Sauerrahm
100 g fein geriebener Bierrettich
Schnittlauch
Salz und Pfeffer

Topfen mit Butter und Sauerrahm sehr cremig rühren, Rettich salzen, etwas ziehen lassen, gut ausdrücken und mit dem fein geschnittenen Schnittlauch daruntermischen. Mit Salz und Pfeffer würzen, anrichten und mit Schnittlauch bestreuen.

Mit frischem Bauernbrot und einem Glas Bier servieren!

Topfenaufstrich mit Sardellenringerln

200 g Topfen
100 g Butter
2 EL Crème fraîche
1 Dose Sardellenringerl
1 kleine Zwiebel
1 hartgekochtes Ei
1 TL scharfer Senf
1 TL Paprikapulver
Schnittlauch
Salz und Pfeffer

Für die Garnitur:
Schnittlauch
Paprikapulver

Topfen mit Butter und Crème fraîche gut verrühren, Sardellenringerl, Zwiebel, Ei und Schnittlauch fein schneiden und darunterrühren. Mit Senf, Paprikapulver, Salz und Pfeffer würzen, auf einem Teller anrichten und mit Schnittlauch und Paprikapulver bestreuen.

Sellerie-Topfen-Aufstrich mit Birnen und Äpfeln

250 g Magertopfen
2 EL Joghurt
2 EL Sauerrahm
100 g Selleriesalat aus dem Glas
1 Apfel
50 g gedünstete Birnen
1 TL Zucker oder Honig
1 EL Zitronensaft
Salz, weißer Pfeffer

Topfen, Joghurt und Sauerrahm verrühren, den Apfel fein reiben, Selleriesalat und Birnen klein schneiden und mit den anderen Zutaten dazumischen. Den Aufstrich mit Salz und weißem Pfeffer würzen und zur Jause servieren.

Aufstriche mit Frischkäse und Gervais

Rohkostaufstrich

200 g Frischkäse
3 EL Sauerrahm
1 EL Joghurt
50 g fein geriebene Karotten
50 g fein geriebener Sellerie
50 g fein geschnittener Lauch
1 Knoblauchzehe
Kräutersalz,
weißer Pfeffer

Für die Garnitur:
frisch geriebene Karotten

Frischkäse mit Sauerrahm und Joghurt verrühren, Knoblauch zerdrücken und mit Karotten, Sellerie und Lauch unter den Aufstrich mischen. Mit Kräutersalz und Pfeffer würzen, in eine Schüssel geben und mit geriebenen Karotten bestreuen.

Dieser Aufstrich eignet sich optimal für eine gesunde Schuljause!

Frischkäseaufstrich

200 g Frischkäse
2 Ecken Streichkäse mit Paprika
2 EL Sauerrahm
1 kleine Zwiebel
2 hartgekochte Eier
Schnittlauch
Salz und Pfeffer

Frischkäse mit Streichkäse und Sauerrahm gut verrühren. Zwiebel, Eier und Schnittlauch fein schneiden und dazumischen. Mit Salz und Pfeffer würzen, anrichten und mit Schnittlauch bestreuen.

Obatzter

200 g Frischkäse
100 g Camembert
3 EL Sauerrahm
1 kleine Zwiebel
1 Knoblauchzehe
1 TL Paprikapulver
1/2 TL gemahlener Kümmel
Salz und Pfeffer

Für die Garnitur:
Paprikapulver

Camembert mit der Gabel gut zerdrücken, mit Frischkäse und Sauerrahm verrühren. Zwiebel und Knoblauch fein schneiden und dazumischen. Den Aufstrich mit Paprikapulver, Kümmel, Salz und Pfeffer würzen, in eine Schüssel geben und mit Paprikapulver bestreuen.

Dazu ein Glas Bier oder Most servieren!

Sellerie-Apfel-Aufstrich

200 g Frischkäse
3 EL Sauerrahm
50 g Selleriesalat
1 geriebener Apfel
50 g geriebener Hartkäse
Schnittlauch, Petersilie
Salz und Pfeffer
Paprikapulver

Frischkäse mit Sauerrahm gut verrühren, Selleriesalat, Schnittlauch und Petersilie fein schneiden, mit dem geriebenen Apfel und dem geriebenen Käse unter den Aufstrich mischen. Mit Salz, Pfeffer und Paprikapulver würzen, anrichten und mit Schnittlauch bestreuen.

Aufstrich mit Kürbiskernöl

200 g Frischkäse
1 EL Schlagobers
2 EL Kürbiskernöl
1 Knoblauchzehe
1 EL fein geschnittenes Basilikum
Salz und Pfeffer

Für die Garnitur:
1 EL geröstete Kürbiskerne

Frischkäse mit Schlagobers und Kürbiskernöl gut verrühren, Knoblauch ganz fein schneiden und mit dem Basilikum dazumischen. Mit Salz und Pfeffer würzen, auf einem Teller anrichten und mit gerösteten Kürbiskernen bestreuen.

Dazu schmecken Käsevollkornweckerl besonders gut!

grüner veltliner

Gervaiscreme

200 g Gervais
2 EL Sauerrahm
2 EL Joghurt
2 EL geriebener Kren
50 g Schinkenwurst
fein gehackte Gartenkräuter (Petersilie, Estragon, Kresse)
1 TL Senf
Salz und Pfeffer

Für die Garnitur:
grüne Salatblätter
frische Kräuter

Gervais mit Sauerrahm und Joghurt cremig rühren, Schinkenwurst fein schneiden, mit Kren und den Kräutern zur Gervaiscreme mischen. Den Aufstrich mit Senf, Salz und Pfeffer würzen, auf grünen Salatblättern anrichten und mit Kräutern garnieren.

Dieser Aufstrich eignet sich auch sehr gut zum Füllen von Paprika oder Tomaten!

Frischkäse mit Kren

200 g Frischkäse
2 EL Schlagobers
2 EL Sauerrahm
2 EL frisch geriebener Kren
1 Knoblauchzehe
Schnittlauch und Petersilie
Salz, weißer Pfeffer

Frischkäse mit Schlagobers und Sauerrahm cremig rühren, Knoblauch zerdrücken, Schnittlauch und Petersilie fein schneiden und mit dem Kren unter den Aufstrich mischen. Mit Salz und weißem Pfeffer würzen, in eine Schüssel geben, mit Schnittlauch bestreuen und ca. 1 Stunde ziehen lassen.

Gorgonzolaaufstrich mit Birnen

100 g Frischkäse
100 g Gorgonzola
2 EL Joghurt
2 weiche Birnen
1 EL Zitronensaft
50 g gehackte Walnüsse
Salz, Cayennepfeffer

Für die Garnitur:
Birnenspalten

Gorgonzola mit der Gabel gut zerdrücken, mit Frischkäse und Joghurt verrühren, Birnen fein schneiden, mit Zitronensaft und den Walnüssen dazumischen. Den Aufstrich mit Salz und Cayennepfeffer würzen, auf einem Teller anrichten und mit Birnenspalten garnieren.

Frischkäseaufstrich mit Räucherlachs

200 g Frischkäse
100 g Butter
100 g fein geschnittener Räucherlachs
1 EL Zitronensaft
1 EL fein geschnittener Dill
weißer Pfeffer

Für die Garnitur:
Blattsalat
Lachsstreifen

Frischkäse mit Butter cremig rühren, Räucherlachs und fein geschnittenen Dill daruntermischen und mit Zitronensaft und weißem Pfeffer würzen. Den Aufstrich auf Blattsalaten anrichten und mit Lachsstreifen garnieren.

Haselnussaufstrich mit Gervais

200 g Gervais
50 g Butter
2 EL Sauerrahm
50 g grob gemahlene Haselnüsse
1 EL geriebener Kren
Salz, weißer Pfeffer

Für die Garnitur:
grob geriebene Haselnüsse

Gervais mit Butter und Sauerrahm cremig rühren, Haselnüsse und Kren daruntermischen. Den Aufstrich mit Salz und weißem Pfeffer würzen, in einer Schüssel anrichten und mit grob geriebenen Haselnüssen bestreuen.

Mit frischem Vollkornbrot servieren!

Karotten-Frischkäse-Aufstrich

200 g Frischkäse
50 g Butter
2 EL Sauerrahm
1 EL Joghurt
50 g fein geriebene Karotten
2 Frühlingszwiebeln
Schnittlauch
1 Prise Chilipulver
Salz

Für die Garnitur:
fein geriebene Karotten

Frischkäse mit Butter, Sauerrahm und Joghurt cremig rühren, Frühlingszwiebeln und Schnittlauch fein schneiden und mit den geriebenen Karotten daruntermischen. Mit Salz und Chilipulver würzen, anrichten, mit fein geriebenen Karotten bestreuen und gut durchziehen lassen.

Dazu kann man frisches Kräuterbaguette servieren!

Gervaisaufstrich mit Stangensellerie

200 g Gervais
2 EL Sauerrahm
2 EL Joghurt
50 g Stangensellerie
1 Apfel
3 Radieschen
50 g Putenschinken
Schnittlauch, Petersilie
1 EL Zitronensaft
Salz und Pfeffer

Für die Garnitur:
Schnittlauch
Radieschen

Gervais mit Sauerrahm und Joghurt gut verrühren, alle anderen Zutaten fein schneiden und daruntermischen. Den Aufstrich mit Zitronensaft, Salz und Pfeffer würzen, anrichten, mit Schnittlauch bestreuen und mit Radieschen garnieren.

Mit frischen Salzstangerln oder Mohnflesserln schmeckt dieser Aufstrich besonders gut.

Frischkäseaufstrich mit Kräutern und Radieschen

200 g Frischkäse
3 EL Crème fraîche
2 EL Joghurt
5 Radieschen
2 Frühlingszwiebeln
frische Kräuter (Basilikum, Estragon, Schnittlauch, Zitronenmelisse)
1 TL scharfes Paprikapulver
Kräutersalz

Für die Garnitur:
grüne Salatbläter
Radieschen

Frischkäse mit Joghurt und Crème fraîche gut verrühren, Radieschen, Frühlingszwiebeln und Kräuter fein schneiden und daruntermischen. Den Frischkäseaufstrich mit Paprikapulver und Kräutersalz würzen, auf frischem Salat anrichten und mit Radieschen garnieren.

Frischkäseaufstrich mit Schnittlauch und Kren

200 g Frischkäse
2 EL Sauerrahm
50 g Butter
50 g Toastschinken
1 EL fein geriebener Kren
1 TL Senf
Schnittlauch, Petersilie
Salz und Pfeffer

Frischkäse mit Sauerrahm und Butter cremig rühren, Toastschinken, Schnittlauch und Petersilie fein schneiden und mit Kren und Senf daruntermischen. Mit Salz und Pfeffer würzen, in eine Schüssel geben mit Schnittlauch bestreuen und servieren.

Frühlingsaufstrich mit Frischkäse

200 g Frischkäse
3 EL Joghurt
2 EL Sauerrahm
2 EL fein gehackter Bärlauch
1 EL fein gehackte Kresse
2 Frühlingszwiebeln
Salz, weißer Pfeffer

Für die Garnitur:
Bärlauch oder Kresse

Frischkäse mit Joghurt und Sauerrahm gut verrühren, Frühlingszwiebeln klein schneiden und mit dem Bärlauch und der Kresse unter den Aufstrich mischen. Mit Salz und Pfeffer würzen, anrichten und mit Bärlauch oder Kresse bestreuen.

Dieser Aufstrich ist sehr gesund und schnell zubereitet!

Aufstrich mit Frischkäse und Gemüse

200 g Frischkäse
3 EL Sauerrahm
2 EL Milch
50 g fein geriebene Zucchini
50 g fein geriebene Karotten
50 g fein geriebene Salatgurke
1 Knoblauchzehe
1 EL Balsamico-Essig
1 EL fein geschnittenes Basilikum
Salz, weißer Pfeffer

Frischkäse mit Sauerrahm und Joghurt gut verrühren, Knoblauch klein schneiden, Zucchini und Salatgurke gut ausdrücken und mit den anderen Zutaten daruntermischen. Mit Salz und weißem Pfeffer würzen, in einer Schüssel anrichten und mit frischem Basilikum garnieren.

In Kombination mit frischem Vollkornbrot ergibt dieser Aufstrich eine sehr gesunde Jause!

Scharfer Sardinenaufstrich

150 g Frischkäse
100 g Butter
1 kleine Dose
scharfe Sardinen
1 EL Kapern
1 kleine Zwiebel
2 hartgekochte Eier
1 TL Senf
Salz, Cayennepfeffer

Butter mit Frischkäse cremig rühren, alle anderen Zutaten klein schneiden und dazumischen. Den Aufstrich mit Senf, Salz und Pfeffer würzen, in eine Schüssel geben, mit Cayennepfeffer bestreuen und gut durchziehen lassen.

Gurken-Salami-Aufstrich

200 g Frischkäse
2 EL Crème fraîche
50 g Salatgurke
50 g Salami
1 Knoblauchzehe
Schnittlauch
1 TL scharfes
Paprikapulver
Salz

Frischkäse mit Crème fraîche gut verrühren, Salatgurke, Salami, Knoblauch und Schnittlauch klein schneiden und daruntermischen. Den Aufstrich mit Paprikapulver und Salz würzen, anrichten und mit Gurkenscheiben garnieren.

Eine Salatgurke der Länge nach halbieren und mit diesem Aufstrich füllen, das macht ein kaltes Buffet zu etwas Besonderem!

Karotten-Apfel-Aufstrich

200 g Frischkäse
2 EL Joghurt
1 EL Milch
1 geriebene Karotte
1 geriebener Apfel
1 EL Zitronensaft
Schnittlauch
Salz, Cayennepfeffer

Frischkäse mit Joghurt und Milch gut verrühren, Schnittlauch fein schneiden und mit der geriebenen Karotte und dem geriebenen Apfel daruntermischen. Mit Zitronensaft, Salz und Cayennepfeffer würzen, anrichten und mit Schnittlauch bestreuen.

Gurken-Frischkäse-Aufstrich

200 g Frischkäse
2 EL Sauerrahm
1 EL Joghurt
100 g Salatgurke
1 Knoblauchzehe
1 EL fein geschnittener roter Paprika
Schnittlauch
Salz, Paprikapulver, Pfeffer

Für die Garnitur:
roter Paprika

Frischkäse mit Sauerrahm und Joghurt gut verrühren. Salatgurke fein reiben und ausdrücken, Knoblauch ganz fein schneiden oder durch die Knoblauchpresse drücken und mit dem rotem Paprika und dem fein geschnittenen Schnittlauch daruntermischen. Den Frischkäseaufstrich mit Salz, Paprikapulver und Pfeffer würzen, auf einem Teller anrichten und mit rotem Paprika garnieren.

Apfel-Joghurt-Aufstrich

200 g Frischkäse
4 EL Joghurt
1 geriebener Apfel
1 EL Zitronensaft
50 g fein geschnittener Lauch
1/2 TL Zucker
oder Honig
Schnittlauch
Salz und Pfeffer

Frischkäse mit Joghurt gut verrühren, Apfel, Zitronensaft, Lauch, Zucker oder Honig und fein geschnittener Schnittlauch daruntermischen. Zuletzt mit Salz und Pfeffer würzen, anrichten, mit Schnittlauch bestreuen und servieren.

Auf frischen Joghurtweckerln schmeckt dieser Aufstrich besonders gut!

Pistazienaufstrich

200 g Frischkäse
50 g Butter
2 EL Sauerrahm
50 g Pistazien
Salz, Cayennepfeffer

Für die Garnitur:
grob geriebene
Pistazien

Pistazien rösten und fein mahlen. Frischkäse mit Butter und Sauerrahm cremig rühren, Pistazien daruntermischen. Den Aufstrich mit Salz und Cayennepfeffer würzen, anrichten und mit grob geriebenen Pistazien bestreuen.

Dazu selbstgebackenes Brot servieren!

Frischkäseaufstrich mit Camembert und Birnen

200 g Frischkäse
100 g Camembert
2 EL Sauerrahm
1 EL Joghurt
2 reife Birnen oder
Birnenkompott
1 EL Zitronensaft
Schnittlauch
Salz, Chilipulver

Für die Garnitur:
Schnittlauch
Birnenspalten

Camembert klein schneiden und mit der Gabel zerdrücken, dann mit Frischkäse, Sauerrahm und Joghurt gut verrühren. Birnen und Schnittlauch klein schneiden, dazumischen, mit Salz, Zitronensaft und Chilipulver würzen, in einer Schüssel anrichten mit Schnittlauch bestreuen und mit Birnenspalten garnieren.

Gervaisaufstrich mit Basilikum und Pinienkernen

200 g Gervais
2 EL Schlagobers
2 EL Joghurt
50 g Räucherschinken
1 EL fein gehacktes Basilikum
2 EL fein gemahlene Pinienkerne
Salz, Cayennepfeffer

Für die Garnitur:
frische Basilikumblätter

Gervais mit Schlagobers und Joghurt cremig rühren, Räucherschinken fein schneiden, mit Basilikum und Pinienkernen unter den Aufstrich mischen. Mit Salz und Cayennepfeffer würzen, in eine Schüssel geben und mit frischem Basilikum garnieren.

Auf Weißbrotscheiben gestrichen passt dieser Aufstrich sehr gut zu einem Glas Wein!

Tomaten-Sellerie-Aufstrich

200 g Frischkäse
1 EL Schlagobers
1 EL Joghurt
50 g fein geschnittener Stangensellerie
3 Tomaten, geschält und klein geschnitten
1 EL Zitronensaft
1 Prise Zucker
Salz, weißer Pfeffer

Für die Garnitur:
Tomaten, in Scheiben geschnitten

Frischkäse mit Schlagobers und Joghurt gut verrühren, Stangensellerie und Tomaten daruntermischen. Den Sellerieaufstrich mit Zitronensaft, Zucker, Salz und weißem Pfeffer würzen und auf Tomatenscheiben anrichten.

Frischkäseaufstrich mit Basilikum

200 g Frischkäse
2 EL Joghurt
1 EL Milch
1 EL Kürbiskernöl
1 EL fein geschnittenes Basilikum
1 Knoblauchzehe
Salz und Pfeffer

Frischkäse mit Joghurt, Milch und Kürbiskernöl gut verrühren, Knoblauch durch die Knoblauchpresse drücken und mit dem Basilikum unter den Aufstrich mischen. Mit Salz und Pfeffer würzen, anrichten, ca. 1 Stunde ziehen lassen und zur Jause servieren.

Waldorfaufstrich mit Frischkäse

200 g Frischkäse
3 EL Sauerrahm
1 EL Joghurt
2 EL geriebene Karotten
3 EL geriebener Sellerie
1 fein geriebener Apfel
50 g geriebene Walnüsse
2 EL fein geschnittene Kresse
1 EL Zitronensaft
1 TL Zucker
Salz, Cayennepfeffer

Für die Garnitur:
Karotteraspel
Walnusskerne

Frischkäse, Sauerrahm und Joghurt gut verrühren, mit den anderen Zutaten vermischen und mit Salz und Cayennepfeffer würzen. Den Aufstrich in einer Schüssel anrichten, mit Karottenraspeln und Walnusskernen garnieren.

Dieser Aufstrich ergibt eine gesunde Schuljause!

Zucchini-Tomaten-Aufstrich mit Frischkäse

200 g Frischkäse
2 EL Sauerrahm
1 EL Schlagobers
50 g fein geriebene Zucchini
5 Tomaten
1 Knoblauchzehe
1 EL Zitronensaft
1 TL Tomatenketchup (mild oder scharf)
Salz und Pfeffer

Für die Garnitur:
Tomatenspalten

Frischkäse, Schlagobers und Sauerrahm gut verrühren, Zucchini fein reiben, salzen und gut ausdrücken, Tomaten und Knoblauch klein schneiden und mit Zitronensaft und Ketchup zum Frischkäse mischen. Den Aufstrich mit Salz und Pfeffer würzen, in eine Schüssel geben und mit Tomatenspalten garnieren.

Sellerie-Nuss-Aufstrich

200 g Frischkäse
2 EL Sauerrahm
2 EL Joghurt
50 g fein geriebener Sellerie
50 g gehackte Walnüsse
50 g klein geschnittene Weintrauben
1 EL Zitronensaft
Salz, weißer Pfeffer

Für die Garnitur:
gehackte Walnüsse
Weintrauben
Selleriechips

Frischkäse mit Sauerrahm und Joghurt cremig rühren, die anderen Zutaten dazumischen und mit Zitronensaft, Salz und weißem Pfeffer würzen. Den Aufstrich auf einen Teller geben, mit gehackten Walnüssen bestreuen und mit Weintrauben garnieren. Dazu Selleriechips reichen.

Selleriechips: Sellerieknolle in sehr dünne Scheiben schneiden, in Erdnussöl frittieren!

Frischkäseaufstrich mit Sonnenblumen und Karotten

150 g Frischkäse
2 EL Crème fraîche
2 EL Karottensalat aus dem Glas
2 EL geröstete, fein geriebene Sonnenblumenkerne
je 1 TL Thymian und Schnittlauch, fein geschnitten
Salz und Pfeffer

Für die Garnitur:
Sonnenblumenkerne

Frischkäse mit Crème fraîche gut verrühren, Karottensalat, Sonnenblumenkerne, Thymian und Schnittlauch dazumischen. Mit Salz und Pfeffer würzen, anrichten und mit gerösteten Sonnenblumenkernen bestreuen.

Wildkräuteraufstrich mit Frischkäse

200 g Frischkäse
100 g Butter
3 EL fein geschnittene Wildkräuter (Spitzwegerich, Löwenzahn, Bärlauch)
Salz und Pfeffer

Für die Garnitur:
Wildkräuter

Frischkäse mit Butter sehr cremig rühren, mit den fein geschnittenen Wildkräutern vermischen und mit Salz und Pfeffer würzen. Den Aufstrich in eine Schüssel geben und mit geschnittenen Kräutern bestreuen.

Dieser Aufstrich schmeckt am besten im Frühling, wenn die ersten Kräuter sprießen!

Pikanter Frischkäseaufstrich mit Honig

200 g Frischkäse
2 EL Sauerrahm
1 EL Joghurt
1 EL Apfelsaft
1 TL Honig
50 g geriebene Haselnusskerne
2 EL fein geschnittene Kresse
Salz, weißer Pfeffer

Für die Garnitur:
firsche Kresse

Frischkäse, Sauerrahm, Joghurt, Apfelsaft und Honig gut verrühren, Haselnüsse und Kresse dazumischen und mit Salz und weißem Pfeffer würzen. Den Aufstrich in einer Schüssel anrichten und mit Kresse bestreuen.

Thunfischaufstrich mit Frischkäse und Tomaten

200 g Frischkäse
50 g Butter
2 EL Sauerrahm
1 Dose Thunfisch natur
1 kleine Zwiebel
3 Tomaten
1 Essiggurkerl
1 EL Kapern
1 EL fein geschnittene Petersilie
Salz, Cayennepfeffer

Für die Garnitur:
Tomatenscheiben

Frischkäse mit Butter und Sauerrahm cremig rühren, Thunfisch, Zwiebel, Tomaten und Essiggurkerl klein schneiden und mit den anderen Zutaten dazumischen. Den Aufstrich mit Salz und Cayennepfeffer würzen und auf einem Teller mit Tomatenscheiben anrichten.

Dieser Thunfischaufstrich eignet sich auch hervorragend für gefüllte Tomaten!

Käseaufstrich mit Basilikum

200 g Frischkäse
50 g Butter
2 EL Crème fraîche
100 g geriebener Hartkäse
2 EL fein geschnittenes Basilikum
1 Knoblauchzehe
1 TL Paprikapulver
Salz und Pfeffer

Für die Garnitur:
Paprikapulver
Basilikum

Frischkäse mit Butter und Crème fraîche cremig rühren, Knoblauch ganz klein schneiden und mit den anderen Zutaten verrühren. Den Käseaufstrich mit Salz und Pfeffer würzen, auf einen Teller geben, mit Paprikapulver bestreuen und mit Basilikum garnieren.

Zu selbstgebackenen Salzstangerln schmeckt dieser Aufstrich besonders gut!

Gurken-Paprika-Aufstrich mit Frischkäse

200 g Frischkäse
50 g Butter
1 EL Joghurt
50 g Salatgurke
1 Knoblauchzehe
50 g fein geschnittener Paprika, grün oder rot
1 TL Paprikapulver
Salz und Pfeffer

Für die Garnitur:
Paprikastreifen

Frischkäse mit Butter und Joghurt gut verrühren. Salatgurke fein reiben, gut ausdrücken, Knoblauch ganz klein schneiden und mit dem fein geschnittenen Paprika dazumischen. Den Aufstrich mit Paprikapulver, Salz und Pfeffer würzen, in eine Schüssel geben und mit Paprikastreifen garnieren.

Karfiolaufstrich

200 g Frischkäse
50 g Butter
150 g Karfiol
1/2 TL Currypulver
1 TL Senf
Kräutersalz, Pfeffer

Für die Garnitur:
Schnittlauch

Karfiol salzen und bissfest dünsten, auskühlen lassen. Währenddessen Frischkäse und Butter gut verrühren. Gekochten Karfiol klein schneiden und mit Curry und Senf zum Frischkäse mischen. Den Aufstrich mit Kräutersalz und Pfeffer würzen, in einer Schüssel anrichten und mit Schnittlauch bestreuen.

Radieschenaufstrich mit Frischkäse

200 g Frischkäse
3 EL Crème fraîche
5-6 fein geschnittene Radieschen
50 g fein geschnittene Pikantwurst
1 EL Zitronensaft
Schnittlauch
Salz und Pfeffer

Für die Garnitur:
Radieschen

Frischkäse mit Crème fraîche gut verrühren, Schnittlauch fein schneiden, mit Radieschen und Pikantwurst unter den Aufstrich mischen. Mit Zitronensaft, Salz und Pfeffer würzen, anrichten und mit frischen Radieschen garnieren.

Dieser Aufstrich eignet sich auch als Kinderjause sehr gut!

Pfefferoniaufstrich mit Frischkäse

200 g Frischkäse
2 EL Buttermilch
2-3 mittelscharfe Pfefferoni aus dem Glas
1 EL Kapern
2 hartgekochte Eier
1 Essiggurkerl
Salz, Paprikapulver

Für die Garnitur:
Pfefferoni
Eierspalten

Frischkäse mit Buttermilch cremig rühren, Pfefferoni, Kapern, Eier und Essiggurkerl fein schneiden und dazumischen. Mit Salz und Paprikapulver würzen, auf einem Teller anrichten und mit Pfefferoni und Eierspalten garnieren.

Avocadocreme

200 g Frischkäse
1 EL Joghurt
1 EL Sauerrahm
1 weiche Avocado
1 EL geriebener Kren
1 EL fein gehackter Dill
1 EL Zitronensaft
1 EL Orangensaft
Salz, Cayennepfeffer

Für die Garnitur:
fein gehackter Dill

Frischkäse mit Joghurt und Sauerrahm gut verrühren, von der Avocado den Kern herausnehmen und mit einem Löffel das Fruchtfleisch zum Frischkäse geben. Kren, Dill, Zitronen- und Orangensaft dazumischen und mit Salz und Cayennepfeffer würzen. Den Aufstrich in eine Schüssel geben und mit fein gehacktem Dill bestreuen.

Diese Avocadocreme schmeckt sehr gut zu selbstgemachten Grissini!

Erdäpfel-aufstriche

Lachs-Erdäpfel-Aufstrich

2 große gekochte Erdäpfel
50 g Butter
2 EL Sauerrahm
100 g Lachsschnitten
1 Zwiebel
Salz, Cayennepfeffer

Für die Garnitur:
Lachsstreifen
Zwiebelringe

Erdäpfel mit der Gabel fein zerdrücken und mit Butter und Sauerrahm cremig rühren. Lachs und Zwiebel fein schneiden und daruntermischen. Den Aufstrich mit Salz und Cayennepfeffer würzen, anrichten und mit Lachsstreifen und Zwiebelringen garnieren.

Dazu schmeckt selbstgebackenes Jourgebäck sehr gut!

Erdäpfel-Selchfleisch-Aufstrich

150 g gekochte Erdäpfel
50 g Butter
2 EL Sauerrahm
100 g gekochter Selchroller
1 Essiggurkerl
1 TL Kapern
1 TL Senf
1 TL Paprikapulver
Schnittlauch
Salz und Pfeffer

Erdäpfel zerdrücken und mit Butter und Sauerrahm gut verrühren. Selchroller, Essiggurkerl, Kapern und Schnittlauch fein schneiden und daruntermischen. Mit Senf, Paprikapulver, Salz und Pfeffer würzen, anrichten, mit Schnittlauch bestreuen und gut durchziehen lassen.

Erdäpfelkas

200 g mehlige Erdäpfel
3 EL Sauerrahm
3 EL Buttermilch
1 kleine Zwiebel
1 Knoblauchzehe
1/2 TL gemahlener Kümmel
Salz und Pfeffer

Für die Garnitur:
Schnittlauch

Erdäpfel kochen, noch heiß durch die Kartoffelpresse drücken oder mit einer Gabel gut zerdrücken. Knoblauch ebenfalls zerdrücken und mit Sauerrahm und Buttermilch zu den Erdäpfeln mischen. Mit Kümmel, Salz und Pfeffer würzen, in eine Schüssel geben, mit Schnittlauch bestreuen und mindestens 1 Stunde ziehen lassen.

Zum Erdäpfelkas passt am besten frisches Bauernbrot!

Erdäpfel-Schinken-Aufstrich

200 g Erdäpfel
3 EL Crème fraîche
3 EL Buttermilch
100 g Toastschinken
1 Zwiebel
1 roter Paprika
1 Essiggurkerl
1 Knoblauchzehe
1 TL Senf
Schnittlauch, Petersilie
Salz und Pfeffer

Für die Garnitur:
Schnittlauch
Paprikastreifen

Erdäpfel kochen, noch heiß mit der Gabel zerdrücken, auskühlen lassen, mit Crème fraîche und Buttermilch gut verrühren. Alle anderen Zutaten fein schneiden und dazumischen. Den Aufstrich mit Senf, Salz und Pfeffer abschmecken, auf einem Teller anrichten und mit Paprikastreifen und Schnittlauch garnieren.

Dieser Aufstrich schmeckt vorzüglich zu frischem Baguette!

Erdäpfelkäse mit Bärlauch

200 g Erdäpfel
50 g fein geschnittener Bärlauch
2 Frühlingszwiebeln
2 EL Sauerrahm
2 EL Buttermilch
Salz und Pfeffer

Für die Garnitur:
etwas Bärlauch

Die gekochten Erdäpfel noch heiß durch die Kartoffelpresse drücken und auskühlen lassen. Frühlingszwiebeln fein schneiden und mit Bärlauch, Sauerrahm und Buttermilch unter die Erdäpfel rühren. Mit Salz und Pfeffer würzen, in eine Schüssel geben und mit fein geschnittenem Bärlauch bestreuen.

Leberaufstrich mit Erdäpfeln

150 g gekochte Erdäpfel
100 g Schweinsleber
30 g Butter
1 Zwiebel
1 Essiggurkerl
3 EL Sauerrahm
Salz und Pfeffer

Für die Garnitur:
Essiggurkerl

Zwiebel fein schneiden und in Butter anrösten, Leber feinblättrig schneiden, dazugeben und weich dünsten. Alles auskühlen lassen und mit den Erdäpfeln faschieren, Essiggurkerl fein schneiden und mit dem Sauerrahm darunterrühren. Zum Schluss den Aufstrich mit Salz und Pfeffer würzen, in eine Schüssel geben und mit fein gehackten Essiggurkerln bestreuen.

Frische Salzstangerl und ein Glas Weißwein dazu sind ein echter Genuss!

Erdäpfelkäse mit Champignons

150 g gekochte Erdäpfel
100 g Champignons
1 Zwiebel
30 g Butter
50 g Krakauer
3 EL Sauerrahm
Schnittlauch, Petersilie
Salz und Pfeffer

Geschnittene Zwiebel in Butter anrösten, Champignons sehr fein schneiden, dazugeben, weichdünsten und auskühlen lassen. Erdäpfel noch heiß mit der Gabel zerdrücken, ebenfalls auskühlen lassen und zu den Champignons geben. Krakauer, Schnittlauch und Petersilie fein schneiden und mit dem Sauerrahm daruntermischen. Den Erdäpfelkäse mit Salz und Pfeffer würzen, in einer Schüssel anrichten und mit Schnittlauch bestreuen.

Blutwurstaufstrich

2 große gekochte Erdäpfel
100 g geräucherte Blutwurst
1 Zwiebel
1 Knoblauchzehe
2 EL Sauerrahm
Chilipulver
Salz und Pfeffer

Für die Garnitur:
Schnittlauch

Die noch heißen Erdäpfel gut zerdrücken und auskühlen lassen. Blutwurst, Zwiebel und Knoblauch sehr klein schneiden und mit dem Sauerrahm dazumischen. Mit Chilipulver, Salz und Pfeffer würzen, anrichten und mit Schnittlauch bestreuen.

Zu diesem deftigen Aufstrich passt Schwarzbrot und ein Glas Bier am besten!

Erdäpfelaufstrich mit Speck

150 g gekochte Erdäpfel
100 g durchwachsener Speck
1 Zwiebel
1 Knoblauchzehe
3 EL Sauerrahm
2 EL Joghurt
Petersilie
Schnittlauch
Salz und Pfeffer

Die gekochten Erdäpfel durch die Kartoffelpresse drücken, Speck sehr fein schneiden und mit fein gehackter Zwiebel gut anrösten. Knoblauch, Petersilie und Schnittlauch fein schneiden und mit Speck, Sauerrahm und Joghurt zu den Erdäpfeln dazumischen. Den Aufstrich mit Salz und Pfeffer würzen, auf einem Teller anrichten und mit Schnittlauch bestreuen.

Erdäpfel-Gemüse-Aufstrich

100 g gekochte Erdäpfel
50 g Karotten
50 g Sellerie
50 g Zuckererbsen
50 g fein geriebene Salatgurke
3 EL Sauerrahm
3 EL Schlagobers
1 EL fein gehackte Petersilie
1 TL Senf
Salz
Pfeffer

Für die Garnitur:
Petersilie

Die gekochten Erdäpfel durch die Kartoffelpresse drücken und mit Sauerrahm und Schlagobers verrühren. Karotten und Sellerie klein schneiden und mit Erbsen weichkochen. Die Salatgurke gut ausdrücken und mit dem gekochten Gemüse und der fein gehackten Petersilie zu den Erdäpfeln dazumischen. Den Aufstrich mit Senf, Salz und Pfeffer würzen, anrichten und mit Petersilie bestreuen.

Erdäpfelkäse mit Kren

150 g gekochte Erdäpfel
3 EL Sauerrahm
3 EL Buttermilch
1 EL frisch
geriebener Kren
50 g Krakauer
3 Frühlingszwiebeln
Petersilie, Schnittlauch
Salz, weißer Pfeffer

Erdäpfel mit der Gabel gut zerdrücken, mit Sauerrahm und Buttermilch cremig rühren. Krakauer, Zwiebeln, Petersilie und Schnittlauch fein schneiden und mit dem frischen Kren dazumischen. Den Erdäpfelkäse mit Salz und weißem Pfeffer würzen, 1 Stunde ziehen lassen, mit Schnittlauch bestreuen und zur Jause servieren.

Radieschen-Erdäpfelkäse

200 g gekochte Erdäpfel
3 EL Crème fraîche
3 EL Joghurt
5 Radieschen
Schnittlauch
Salz und Pfeffer

Für die Garnitur:
Radieschen

Die gekochten Erdäpfel zerdrücken und mit Crème fraîche und Joghurt gut verrühren, Radieschen und Schnittlauch fein schneiden und daruntermischen. Mit Salz und Pfeffer würzen, in eine Schüssel geben und mit Radieschen garnieren.

Erdäpfelkäse mit Essiggurken und Kapern

200 g gekochte Erdäpfel
3 EL Buttermilch
2 EL Sauerrahm
2 Essiggurkerl
2 Frühlingszwiebeln
1 Knoblauchzehe
1 EL Kapern
1 EL frische Kräuter (Petersilie, Estragon, Basilikum)
Salz, Chilipulver

Für die Garnitur:
frische Kräuter

Die gekochten Erdäpfel mit der Gabel zerdrücken und mit Buttermilch und Sauerrahm gut verrühren, die anderen Zutaten fein schneiden und dazumischen. Den Erdäpfelkäse mit Salz und Chilipulver würzen, anrichten und mit frischen Kräutern bestreuen.

Zu diesem Aufstrich passt optimal frisches Buttermilchbrot!

Verschiedene Aufstriche

Schafkäseaufstrich

150 g milder Schafkäse
2 EL Sauerrahm
2 EL Joghurt
50 g Butter
1 Knoblauchzehe
1/2 roter Paprika
1/2 grüner Paprika
1 EL gehacktes Basilikum
Salz und Pfeffer

Für die Garnitur:
Paprikastreifen

Schafkäse klein schneiden und mit der Gabel gut zerdrücken, dann Sauerrahm, Joghurt und Butter darunterrühren. Knoblauch und Paprika sehr fein schneiden und mit dem gehackten Basilikum daruntermischen. Den Aufstrich mit Salz und Pfeffer würzen, anrichten und mit Paprikastreifen garnieren.

Diese Aufstrich schmeckt sehr gut auf Gurkenscheiben!

Grünkernaufstrich

100 g Grünkern
100 g Butter
2 EL Sauerrahm
1 Zwiebel
Kräutersalz, Pfeffer

Grünkern fein mahlen, mit kochendem Wasser zu einem Brei verrühren und auskühlen lassen. Butter cremig rühren, Zwiebel fein schneiden und mit dem Sauerrahm in den Grünkernbrei rühren. Zum Schluss mit Kräutersalz und Pfeffer würzen, 1 Stunde ziehen lassen und servieren.

Fleischkas

200 g Braten- und Wurstreste
50 g gekochtes Selchfleisch
1 Zwiebel
1 gekochter Erdapfel
3 EL Sauerrahm
1 TL Paprikapulver
Salz und Pfeffer

Für die Garnitur:
Paprikapulver
Schnittlauch

Braten- und Wurstreste, Selchfleisch, Zwiebel und Erdapfel fein faschieren, Sauerrahm darunterrühren und mit Paprikapulver, Salz und Pfeffer würzen. Den Fleischkäse auf einem Teller anrichten, mit Schnittlauch und Paprikapulver bestreuen und gut durchziehen lassen.

Zum Fleischkas passt am besten frisches Hausbrot!

Käse-Eier-Aufstrich

100 g fein geriebener Hartkäse
2 hartgekochte Eier
100 g Butter
2 EL Sauerrahm
1 TL scharfer Senf
1 TL Paprikapulver
Schnittlauch, Petersilie
Salz und Pfeffer

Butter sehr cremig rühren, Eier, Schnittlauch und Petersilie klein schneiden und mit Sauerrahm und dem geriebenen Käse zur Butter dazumischen. Den Aufstrich mit Senf, Paprikapulver, Salz und Pfeffer würzen, in eine Schüssel geben, gut durchziehen lassen und mit Schnittlauch bestreuen.

Für diesen Aufstrich können Käsereste verwertet werden!

Kräuter-Käse-Aufstrich

100 g Butter
3 Ecken Schmelzkäse
2 EL Joghurt
1 hartgekochtes Ei
2 EL frische Kräuter (Petersilie, Estragon, Schnittlauch, Basilikum)
1 TL scharfer Senf
Salz, Cayennepfeffer

Für die Garnitur:
frische Kräuter

Butter mit Schmelzkäse und Joghurt cremig rühren, das Ei und die frischen Kräuter fein schneiden und dazumischen. Den Aufstrich mit Senf, Salz und Pfeffer abschmecken, auf einem Teller anrichten und mit Kräutern garnieren.

Camembert-Bier-Aufstrich

150 g Camembert
100 g Butter
2 EL Bier
1 kleine Zwiebel
1 TL Paprikapulver
1 TL gemahlener Kümmel
Salz

Für die Garnitur:
Paprikapulver

Butter cremig rühren, den Camembert mit der Gabel zerdrücken und mit der Butter gut verrühren. Zwiebel fein schneiden und dazumischen, mit Paprikapulver, Kümmel und Salz würzen. Zum Schluss das Bier darunterrühren, in eine Schüssel geben und mit Paprikapulver bestreuen.

Dazu sind selbstgebackene Roggenlaibchen ein Genuss!

Mailänder Aufstrich

100 g Butter
100 g Pikantwurst
50 g geriebener Hartkäse
2 hartgekochte Eier
1 Essiggurkerl
3 EL Sauerrahm
2 EL Joghurt
1 EL Ketchup
Salz, Chilipulver

Für die Garnitur:
Essiggurkerl
Eierspalten

Butter mit Sauerrahm und Joghurt cremig rühren, Pikantwurst, Eier und Essiggurkerl klein schneiden und mit dem geriebenen Käse dazumischen. Mit Ketchup, Salz und Chilipulver würzen, auf einem Teller anrichten und mit Essiggurkerln und Eierspalten garnieren.

Doppelrahmkäse-aufstrich mit Äpfeln

4 große Ecken Doppelrahmkäse
2 EL Schlagobers
2 EL Milch
1 geraspelter Apfel
1 EL Zitronensaft
Schnittlauch
Salz, weißer Pfeffer

Doppelrahmkäse mit Schlagobers und Milch gut verrühren, Schnittlauch fein schneiden und mit dem geraspelten Apfel und Zitronensaft dazumischen. Mit Salz und weißem Pfeffer würzen und mit Apfelspalten auf einem Teller anrichten.

Mit Joghurtweckerln schmeckt dieser Aufstrich besonders gut!

Gorgonzolaaufstrich

150 g Gorgonzola
100 g Butter
50 g Salatgurke
2 EL Sauerrahm
1 hartgekochtes Ei
Schnittlauch
Salz, Cayennepfeffer

Gorgonzola fein schneiden und mit der Gabel gut zerdrücken, dann mit Butter und Sauerrahm cremig rühren. Salatgurke fein reiben, ausdrücken und dazumischen, Ei und Schnittlauch fein schneiden und ebenfalls daruntermischen. Den Aufstrich mit Salz und Cayennepfeffer würzen, anrichten und mit Schnittlauch bestreuen.

Innviertler Delikatessaufstrich

150 g Braten- und Wurstreste
50 g Butter
3 EL Sauerrahm
2 Essiggurkerl
1 Pfefferoni
2 EL Paprikasalat vom Glas
1 Zwiebel
Petersilie, Schnittlauch
Salz und Pfeffer

Braten- und Wurstreste faschieren, die anderen Zutaten fein schneiden und mit Butter und Sauerrahm gut verrühren. Mit Salz und Pfeffer würzen, auf einem Teller anrichten, mit Schnittlauch bestreuen und mit frischem Bauernbrot servieren.

Dieser Aufstrich eignet sich sehr gut zur Resteverwertung!

Leberwurstaufstrich mit Sardellen

100 g feine Leberstreichwurst
50 g Butter
1 kleine Dose Sardellen
1 EL Ketchup
1 Knoblauchzehe
1 kleine Zwiebel
Petersilie
Salz, Pfeffer

Leberwurst und Butter gut verrühren, alle anderen Zutaten fein schneiden und dazumischen. Am Ende den Aufstrich mit Salz und Pfeffer würzen, anrichten und mit Petersilie bestreuen.

Den Aufstrich auf Weißbrotscheiben streichen und mit einem Glas Wein servieren!

Käsecremeaufstrich

50 g Butter
100 g Topfen
3 Ecken Schmelzkäse
1 TL Kapern
1 EL Perlzwiebeln
Schnittlauch
Salz und Pfeffer

Butter, Topfen und Schmelzkäse cremig rühren, Kapern, Perlzwiebeln und Schnittlauch fein schneiden und daruntermischen. Den Aufstrich mit Salz und Pfeffer würzen, in eine Schüssel geben und mit Schnittlauch bestreuen.

Klosterneuburger Aufstrich

150 g Butter
2 EL Sauerrahm
100 g Schinken
50 g Hartkäse, gerieben
1 Essiggurkerl
1 Zwiebel
Petersilie, Schnittlauch
1 TL Paprikapulver
Salz, Cayennepfeffer

Für die Garnitur:
Essiggurkerl
Schinkenstreifen

Butter mit Sauerrahm cremig rühren, alle anderen Zutaten fein schneiden und daruntermischen. Mit Paprikapulver, Salz und Cayennepfeffer abschmecken, anrichten und mit Essiggurkerln und Schinkenstreifen garnieren.

Frische Mohnflesserl sind die ideale Ergänzung dazu!

Gemüseaufstrich mit Landfrischkäse

1 Becher Landfrischkäse
3 EL Sauerrahm
50 g geriebene Karotten
50 g geriebener Sellerie
1 geriebener Apfel
1 EL geriebener Kren
1 EL Zitronensaft
Schnittlauch
Salz und Pfeffer

Für die Garnitur:
geraspelte Karotte

Landfrischkäse mit Sauerrahm gut verrühren, alle anderen Zutaten dazumischen und mit Salz und Pfeffer würzen. Den Aufstrich auf einem Teller anrichten, mit geraspelter Karotte bestreuen und gut durchziehen lassen.

Dieser Aufstrich eignet sich sehr gut zum Füllen von Schinkenrollen!

Gorgonzola-Schinken-Aufstrich

100 g Gorgonzola
100 g Butter
2 EL Crème fraîche
100 g Pressschinken
2 Essiggurkerl
2 Frühlingszwiebeln
Salz, weißer Pfeffer

Für die Garnitur:
Essiggurkerl

Gorgonzola mit der Gabel zerdrücken, mit Butter und Crème fraîche gut verrühren. Pressschinken, Essiggurkerl und Frühlingszwiebeln fein schneiden und dazumischen. Den Aufstrich mit Salz und Pfeffer würzen, anrichten und mit Gurkerlscheiben garnieren.

Thunfisch-Zwiebel-Aufstrich

1 Dose Thunfisch natur
3 EL Sauerrahm
2 EL Joghurt
2 Essiggurkerl
2 EL roter Paprikasalat
1 Zwiebel
1 TL Senf
1 TL Paprikapulver
Schnittlauch
Salz und Pfeffer

Thunfisch mit Sauerrahm und Joghurt gut verrühren, Essiggurkerl, Paprikasalat, Zwiebel und Schnittlauch fein schneiden und dazumischen. Den Aufstrich mit Senf, Paprikapulver, Salz und Pfeffer würzen, anrichten, mit Schnittlauch bestreuen und gut durchziehen lassen.

Käse-Selchfleisch-Aufstrich

100 g Butter
3 EL Crème fraîche
100 g geriebener Hartkäse
50 g gekochtes, mageres Selchfleisch
2 hartgekochte Eier
1 kleine Zwiebel
Petersilie
Salz, Cayennepfeffer

Für die Garnitur:
Petersilie
Eierspalten

Butter mit Crème fraîche sehr cremig rühren, die anderen Zutaten klein schneiden und mit dem geriebenen Käse daruntermischen. Mit Salz und Cayennepfeffer gut abschmecken, auf einem Teller anrichten, mit Petersilie bestreuen und mit Eierspalten garnieren.

» Zu diesem Aufstrich schmeckt am besten frisches Bauernbrot mit einem Glas Most! «

Bunter Landfrischkäseaufstrich

250 g Landfrischkäse
3 EL Sauerrahm
1 EL Joghurt
2 hartgekochte Eier
1 Essiggurkerl
1 EL fein geschnittener roter Paprika
1 EL fein geschnittener grüner Paprika
1 Frühlingszwiebel
3 Radieschen
Schnittlauch
Salz und Pfeffer

Für die Garnitur:
rote und grüne Paprikastreifen

Landfrischkäse mit Sauerrahm und Joghurt verrühren, alle anderen Zutaten fein schneiden und dazumischen. Den Aufstrich mit Salz und Pfeffer würzen, in einer Schüssel anrichten und mit roten und grünen Paprikastreifen garnieren.

Ziegenfrischkäse mit Topfen

100 g Ziegenfrischkäse
100 g Topfen
2 EL Sauerrahm
2 EL geriebener Emmentaler
1 geriebener Apfel
2 EL geröstete und geriebene Sonnenblumenkerne
1 EL fein geschnittenes Basilikum
Kräutersalz

Für die Garnitur:
geröstete Sonnenblumenkerne

Ziegenfrischkäse, Topfen und Sauerrahm cremig rühren, die anderen Zutaten dazumischen und mit Kräutersalz würzen.

Diesen Aufstrich auf Weißbrotscheiben streichen und mit gerösteten Sonnenblumenkernen bestreuen!

Landfrischkäse mit Bärlauch und Karotten

250 g Landfrischkäse
3 EL Crème fraîche
1 EL Joghurt
2 EL fein geschnittener Bärlauch
1 geriebene Karotte
Salz und Pfeffer

Für die Garnitur:
Bärlauch, fein geschnitten

Landfrischkäse mit Crème fraîche und Joghurt gut verrühren, fein geschnittenen Bärlauch und Karotte dazumischen und mit Salz und Pfeffer würzen. Den Aufstrich in eine Schüssel geben und mit fein geschnittenem Bärlauch bestreuen.

Schafkäseaufstrich mit Topfen

100 g milder Schafkäse
100 g Magertopfen
2 EL Sauerrahm
2 EL Joghurt
1 TL Kapern
1 Zwiebel
Schnittlauch, Petersilie
1 TL Senf
1 TL Paprikapulver
Salz und Pfeffer

Schafkäse mit Magertopfen, Sauerrahm und Joghurt gut verrühren, Kapern, Zwiebel, Schnittlauch und Petersilie fein schneiden und dazumischen. Mit Senf, Paprikapulver, Salz und Pfeffer würzen, in eine Schüssel geben, mit Schnittlauch bestreuen und 1 Stunde ziehen lassen.

Rindfleischaufstrich

200 g gekochtes Rindfleisch
1 kleine Zwiebel
2 Essiggurkerl
1 EL Kapern
3 EL Crème fraîche
2 EL Joghurt
1 TL scharfer Senf
Petersilie
Kräutersalz, Pfeffer

Rindfleisch faschieren, alle anderen Zutaten fein schneiden und mit Crème fraîche und Joghurt gut verrühren. Den Aufstrich mit Senf, Kräutersalz und Pfeffer würzen, auf einen Teller geben und mit Petersilie bestreuen.

Mit selbstgebackenen Vollkornweckerln sorgt dieser Aufstrich für eine perfekte Jause!

Räucherlachsaufstrich mit Landfrischkäse

250 g Landfrischkäse
2 EL Crème fraîche
50 g Räucherlachs
1 Zwiebel
1 EL Dill
Salz, weißer Pfeffer

Für die Garnitur:
Dill

Landfrischkäse mit Crème fraîche gut verrühren, Räucherlachs, Zwiebel und Dill fein schneiden und dazumischen. Mit Salz und weißem Pfeffer würzen, in eine Schüssel geben und mit fein geschnittenem Dill bestreuen und einem Dillzweiglein garnieren.

Mit Weiß- oder Toastbrot servieren!

Ziegenkäseaufstrich

200 g Ziegenfrischkäse
3 EL Sauerrahm
1 EL Olivenöl
1 Knoblauchzehe
1 EL fein geschnittenes Basilikum
1 EL Kapern
50 g Pressschinken
Salz und weißer Pfeffer

Für die Garnitur:
Basilikumblätter

Ziegenfrischkäse mit Sauerrahm und Olivenöl cremig rühren, Knoblauch, Kapern und Pressschinken klein schneiden und mit dem fein geschnittenen Basilikum dazumischen. Mit Salz und weißem Pfeffer würzen, auf einen Teller geben und mit Basilikumblättern garnieren.

Dazu schmecken frische Salzstangerl sehr gut!

Thunfisch-Paprika-Aufstrich

150 g Butter
1 Dose Thunfisch natur
1 Zwiebel
1/2 roter Paprika
1 EL Zitronensaft
1 EL fein geschnittene Petersilie
1 TL Paprikapulver
Salz und Pfeffer

Für die Garnitur:
rote Paprikastreifen

Butter cremig rühren, Thunfisch mit der Gabel zerdrücken, Zwiebel und Paprika fein schneiden und mit der Petersilie unter den Aufstrich mischen. Mit Paprikapulver, Salz und Pfeffer würzen, anrichten und mit roten Paprikastreifen garnieren.

Aufstrich mit Gemüse und Eiern

250 g Landfrischkäse
2 EL Sauerrahm oder Joghurt
2 hartgekochte Eier
50 g fein geriebene Karotten
50 g fein geriebene Zucchini
50 g fein geschnittener Lauch
Schnittlauch
Salz und Pfeffer

Für die Garnitur:
grüne Salatblätter

Landfrischkäse mit Sauerrahm oder Joghurt gut verrühren, Eier und Schnittlauch fein schneiden und mit den anderen Zutaten zum Aufstrich mischen. Mit Salz und Pfeffer würzen, auf grünen Salatblättern anrichten und servieren.

Mit frischen Joghurtweckerln schmeckt dieser Aufstrich besonders gut!

Pikanter Butteraufstrich mit Salami

150 g Butter
2 EL Sauerrahm
50 g geriebener Hartkäse
1 Essiggurkerl
1 kleine Zwiebel
50 g Salami
1 Knoblauchzehe
Schnittlauch
Salz und Pfeffer

Für die Garnitur:
Salamiradeln
Essiggurkerl

Butter mit Sauerrahm sehr cremig rühren, die anderen Zutaten fein schneiden und mit dem geriebenen Hartkäse dazumischen. Den Aufstrich mit Salz und Pfeffer würzen, auf einem Teller anrichten und mit Salamiröllchen und Essiggurkerln garnieren.

Dazu passt frisches Bauernbrot am besten!

Landfrischkäse mit Lachsschnitzeln

250 g Landfrischkäse
2 EL Sauerrahm
2 EL Lachsschnitzel aus dem Glas
1 kleine Zwiebel
1 EL Zitronensaft
Salz und Pfeffer

Für die Garnitur:
Lachsschnitzel
Zwiebelringe

Landfrischkäse mit Sauerrahm gut verrühren, Zwiebel fein schneiden und mit den Lachsschnitzeln dazumischen. Mit Zitronensaft, Salz und Pfeffer würzen, auf einem Teller anrichten und mit Lachsschnitzeln und Zwiebelringen garnieren.

Ziegenkäseaufstrich mit Walnüssen

200 g Ziegenfrischkäse
2 EL Crème fraîche
50 g gehackte Walnüsse
1 geriebener Apfel
1 EL Zitronensaft
Schnittlauch
Kräutersalz, Pfeffer

Für die Garnitur:
Walnusskerne

Ziegenfrischkäse und Crème fraîche gut verrühren, die anderen Zutaten dazumischen und mit Kräutersalz und Pfeffer würzen. Den Aufstrich anrichten und mit Walnusskernen garnieren.

Den Aufstrich kann man auch auf Weißbrotscheiben streichen und mit gehackten Walnüssen bestreuen!

Pikanter Landfrischkäseaufstrich

250 g Landfrischkäse
2 EL Joghurt
2 EL Schlagobers
je 1 EL fein geschnittener, roter und gelber Paprika
1 Pfefferoni
50 g fein geriebene Salatgurke
50 g fein geschnittener Lauch
1 Knoblauchzehe
50 g Schinkenwurst
Schnittlauch, Basilikum
Salz, Chilipulver

Für die Garnitur:
Gurkenscheibchen

Landfrischkäse mit Joghurt und Schlagobers verrühren, Pfefferoni, Knoblauch, Schinkenwurst, Schnittlauch und Basilikum ganz fein schneiden und mit den übrigen Zutaten zum Aufstrich mischen. Zum Schluss mit Salz und Chilipulver würzen, in eine Schüssel geben, mit Gurkenscheiben garnieren und gut durchziehen lassen.

Dieser Aufstrich passt sehr gut als Jause für heiße Sommertage!

Camembertaufstrich mit Eiern und Nüssen

150 g Camembert
100 g Butter
2 EL Crème fraîche
2 hartgekochte Eier
50 g grob geriebene Walnüsse
50 g Weintrauben
Salz, weißer Pfeffer

Camembert mit der Gabel zerdrücken und mit Butter und Crème fraîche sehr gut verrühren. Eier und Weintrauben fein schneiden und mit den geriebenen Walnüssen unter den Aufstrich mischen. Dann mit Salz und weißem Pfeffer würzen, auf einen Teller geben und mit gehackten Walnüssen bestreuen.

Mit frischem Gebäck und einem Glas Wein servieren!

Verhackerts

150 g fetter Räucherspeck oder Speckreste
100 g geräucherte Wurst
1 Zwiebel
2 Knoblauchzehen
Pfeffer

Für die Garnitur:
Schnittlauch

Alle Zutaten fein faschieren und gut durchmischen, mit Pfeffer würzen, auf einem Teller anrichten und mit Schnittlauch bestreuen.

Dazu schmeckt am besten frisches Bauernbrot und ein Glas Most!

Süß-saurer Schinkenaufstrich

100 g Butter
100 g Frischkäse
2 EL Sauerrahm
2 EL Joghurt
100 g Schinken
50 g Ananas aus der Dose
50 g fein geschnittener Lauch
1 Prise Currypulver
Salz und Pfeffer

Für die Garnitur:
Lauchringerl
Ananasspalten

Butter, Frischkäse, Sauerrahm und Joghurt sehr gut verrühren, Schinken und Ananas klein schneiden und mit dem fein geschnittenen Lauch dazumischen. Den Aufstrich mit Currypulver, Salz und Pfeffer würzen, auf einen Teller geben und mit Lauchringerln und Ananasspalten garnieren.

Lachsaufstrich mit Dill

100 g Butter
2 EL Crème fraîche
100 g geräucherter Lachs
1 EL fein geschnittener Dill
1 EL Zitronensaft
Pfeffer (frisch gemahlen)

Für die Garnitur:
Blattsalat

Butter mit Crème fraîche sehr gut verrühren, Lachs ganz fein schneiden und mit dem Dill daruntermischen. Den Aufstrich mit Zitronensaft und frisch gemahlenem Pfeffer würzen und auf frischem Blattsalat anrichten.

Mit selbstgebackenem Kräuterbaguette servieren!

Walnussaufstrich mit Birnen

100 g Camembert
100 g Butter
50 g Walnüsse
1 EL Zitronensaft
100 g Birnen, frisch oder aus der Dose
50 g Lauch
Salz, weißer Pfeffer

Für die Garnitur:
Walnusskerne
Birnenspalten

Camembert mit der Gabel zerdrücken und mit Butter sehr cremig rühren. Walnüsse reiben, Birnen und Lauch klein schneiden und daruntermischen. Den Aufstrich mit Zitronensaft, Salz und weißem Pfeffer würzen, auf einen Teller geben, mit Walnusskernen und Birnenspalten garnieren.

Schmelzkäseaufstrich mit Schinken

4 Ecken Schmelzkäse
50 g Butter
2 EL Sauerrahm
50 g Schinken
2 EL fein gehackte Kräuter
1 TL Senf
Salz, weißer Pfeffer

Für die Garnitur:
frische Kräuter

Schmelzkäse mit Butter und Sauerrahm sehr gut verrühren, Schinken in feine Streifen schneiden und mit den fein gehackten Kräutern dazumischen. Mit Senf, Salz und weißem Pfeffer würzen, in eine Schüssel geben und mit Kräutern garnieren.

Anstelle von Schinken können auch Wurstreste verwendet werden!

Apfel-Käse-Aufstrich

200 g Schmelzkäse
2 EL Sauerrahm
2 EL Joghurt
1 fein geriebener Apfel
1 EL Zitronensaft
Schnittlauch
Salz, Cayennepfeffer

Schmelzkäse mit Sauerrahm und Joghurt gut verrühren, dann den fein geriebenen Apfel und den fein geschnittenen Schnittlauch dazumischen. Den Aufstrich mit Zitronensaft, Salz und Cayennepfeffer würzen, in eine Schüssel geben und mit Schnittlauch bestreuen.

Kärntner Kochkäse

60 g Butter
4 Scheiben Quargel
250 g Topfen
1 TL Kümmel
Salz und Pfeffer

Butter zergehen lassen und mit dem Quargel verkochen, Topfen dazugeben und nochmals aufkochen. Den Kochkäse mit Kümmel, Salz und Pfeffer würzen, in eine Schüssel geben und auskühlen lassen.

Zum Kochkäse passt am besten frisches Bauernbrot!

Quargelaufstrich mit Bier

100 g Frischkäse
3 Scheiben Quargel
2 EL Bier
1 EL Sauerrahm
1 kleine Zwiebel
1 TL gemahlener Kümmel
1 TL Paprikapulver
Salz

Für die Garnitur:
Schnittlauch

Frischkäse mit Quargel, Bier und Sauerrahm cremig rühren, Zwiebel fein schneiden und dazumischen. Den Aufstrich mit Kümmel, Paprikapulver und Salz würzen, in eine Schüssel geben, mit Schnittlauch bestreuen und gut durchziehen lassen.

Dieser Aufstrich schmeckt sehr würzig und eignet sich wunderbar für eine Heurigenjause!

Lauchaufstrich mit Butter

150 g Butter
3 EL Sauerrahm
1 EL Schlagobers
100 g fein
geschnittener Lauch
100 g Räucherschinken
1 geriebener Apfel
1 EL Zitronensaft
Salz, weißer Pfeffer

Butter, Sauerrahm und Schlagobers sehr cremig rühren, Räucherschinken klein schneiden und zu den anderen Zutaten dazurühren. Zum Schluss den Aufstrich mit Salz und Pfeffer würzen. Vor dem Servieren ca. 1 Stunde ziehen lassen.

Tofu-Aufstrich

150 g frischer Tofu
2 EL Sauerrahm
2 EL Joghurt
1 EL Sojasauce
50 g fein geriebene
Salatgurke
2 Frühlingszwiebeln
2 EL geriebene
Haselnüsse
Salz, weißer Pfeffer

Tofu, Sauerrahm, Joghurt und Sojasauce gut verrühren, Frühlingszwiebeln fein schneiden. Salatgurke gut ausdrücken und mit den Haselnüssen dazumischen. Den Aufstrich mit Salz und weißem Pfeffer würzen.

Am besten schmeckt zu diesem Aufstrich frisches Weißbrot!

Aufstrich mit Blauschimmelkäse und Butter

100 g Blauschimmelkäse
100 g Butter
2 EL Crème fraîche
1 Knoblauchzehe
1 TL Zitronensaft
1 kleine Zwiebel
Petersilie
Salz und Pfeffer

Blauschimmelkäse klein schneiden und mit der Gabel zerdrücken, dann mit Butter und Crème fraîche sehr cremig rühren. Knoblauch, Zwiebel und Petersilie fein schneiden und daruntermischen. Den Aufstrich mit Salz und Pfeffer würzen, in eine Schüssel geben und mit fein geschnittener Petersilie bestreuen.

Tofu-Aufstrich mit roten Rüben

150 g frischer Tofu
2 EL Sauerrahm
1 EL Schlagobers
2 EL Apfelsaft
100 g Rote-Rüben-Salat
1 EL geriebener Kren
Salz und Pfeffer

Den frischen Tofu mit Sauerrahm, Schlagobers und Apfelsaft gut verrühren, den Rote-Rüben-Salat klein schneiden und mit dem geriebenen Kren daruntermischen. Zum Schluss den Aufstrich mit Salz und Pfeffer gut abschmecken.

Eier-Salami-Aufstrich

150 g Butter
3 EL Sauerrahm
3 hartgekochte Eier
50 g Salami
2 Essiggurkerl
1 kleine Zwiebel
1 TL Senf
Schnittlauch
Salz und Pfeffer

Für die Garnitur:
Salamischeibchen
Eierspalten

Butter mit Sauerrahm sehr gut verrühren, Eier, Salami, Essiggurkerl, Zwiebel und Schnittlauch fein schneiden und zum Aufstrich mischen. Mit Senf, Salz und Pfeffer würzen, anrichten und mit Salami und Eierspalten garnieren.

Oliven-Paprika-Aufstrich

100 g Butter
100 g Frischkäse
2 EL Sauerrahm
2 EL grüne Oliven
1 EL schwarze Oliven
2 EL Paprikasalat
aus dem Glas
2 EL Perlzwiebeln
Salz und Pfeffer

Für die Garnitur:
grüne Oliven

Butter mit Frischkäse und Sauerrahm cremig rühren, Oliven, Paprikasalat und Perlzwiebeln fein schneiden und daruntermischen. Den Aufstrich mit Salz und Pfeffer würzen, anrichten und mit grünen Oliven garnieren.

Dieser Aufstrich schmeckt besonders gut zu frisch gebackenem Ciabatta!

Mexikanischer Eieraufstrich

100 g Butter
2 EL Crème fraîche
2 EL Joghurt
1 EL scharfes Ketchup
4 hartgekochte Eier
2 Essiggurkerl
1 TL Paprikapulver
1 EL Balsamico-Essig
1 TL Zucker
Schnittlauch
Salz, Cayennepfeffer

Für die Garnitur:
Essiggurkerl
Eierspalten

Butter mit Crème fraîche und Joghurt gut verrühren, Eier und Essiggurkerl klein schneiden und mit den übrigen Zutaten vermischen. Zum Schluss den Aufstrich mit Salz und Cayennepfeffer würzen, anrichten und mit Eiern und Essiggurkerln garnieren.

Mandel-Lauch-Aufstrich

100 g Butter
100 g Topfen
100 g fein geschnittener Lauch
50 g geriebene Mandeln
2 EL Apfelsaft
1 EL Zitronensaft
Salz, weißer Pfeffer

Für die Garnitur:
Schnittlauch

Butter mit Topfen cremig rühren, Lauch, Mandeln, Apfelsaft und Zitronensaft dazumischen und mit Salz und Pfeffer würzen. Den Aufstrich in eine Schüssel geben und mit Schnittlauch bestreuen.

Zu frisch gebackenen Käseweckerln schmeckt dieser Aufstrich besonders gut!

Dinkelaufstrich

50 g gemahlener Dinkel
1/8 l Gemüsebrühe
100 g Butter
1 kleine Zwiebel
1 Knoblauchzehe
1 TL Senf
1 EL Zitronensaft
frische Gartenkräuter (Petersilie, Estragon, Majoran)
Salz, weißer Pfeffer

Dinkel mit der Gemüsebrühe aufkochen, ca. 5 Minuten ziehen lassen und auskühlen lassen. Butter cremig rühren, Zwiebel, Knoblauch und Kräuter fein schneiden und mit Dinkel zum Butter mischen. Den Aufstrich mit Salz und weißem Pfeffer würzen und mit Kräutern bestreuen.

Süße Aufstriche

Dörrpflaumenaufstrich mit Topfen

250 g Topfen
1 EL Honig
50 g fein geschnittene Dörrpflaumen
2 EL Orangensaft (wenn möglich frisch gepresst)
2 EL Schlagobers

Für die Garnitur:
geschnittene Dörrpflaumen

Topfen mit Honig, Orangensaft und Schlagobers sehr cremig rühren, die fein geschnittenen Dörrpflaumen dazumischen. Den Aufstrich in eine Schüssel geben, mit geschnittenen Dörrpflaumen bestreuen und gut durchziehen lassen.

Dazu passt Weiß- oder Toastbrot am besten. Der Aufstrich schmeckt auch zum Frühstück sehr gut!

Honig-Nuss-Aufstrich

200 g Frischkäse
2 EL Sauerrahm
50 g geriebene Walnüsse
30 g geriebene Schokolade
1 EL Honig

Frischkäse mit Sauerrahm und Honig gut verrühren, Walnüsse und Schokolade dazumischen und zum Frühstück servieren.

Süßer Vitaminaufstrich

250 g Topfen
2 EL Milch
2 EL Sauerrahm
1 EL Honig
1 Kiwi
1 Apfel
1 EL Zitronensaft
1 EL Orangensaft

Topfen mit Milch, Sauerrahm und Honig gut verrühren, Kiwi fein schneiden, den Apfel fein reiben und mit Zitronen- und Orangensaft unter den Aufstrich mischen, in eine Schüssel geben und zum Frühstück servieren.

Dieser Aufstrich ist auch als vitaminreiche Nachspeise für Kinder sehr empfehlenswert!

Topfenaufstrich mit Himbeeren

250 g Topfen
2 EL Joghurt
2 EL Sauerrahm
100 g frische Himbeeren
1 EL Zucker oder Honig

Für die Garnitur:
frische Himbeeren

Topfen mit Joghurt und Sauerrahm cremig rühren, die Himbeeren mit der Gabel zerdrücken und mit Zucker oder Honig dazumischen. Den Aufstrich auf einem Teller anrichten und mit frischen Himbeeren bestreuen.

Mit süßen Vollkornkipferln ist dieser Aufstrich ein echter Leckerbissen!

Frischkäseaufstrich mit Marillen

200 g Frischkäse
2 EL Joghurt
2 EL Sauerrahm
100 g Marillen (frisch oder aus der Dose)
1 EL Zucker oder Honig
1 TL Vanillezucker

Für die Garnitur:
Marillen

Frischkäse mit Joghurt und Sauerrahm gut verrühren, Marillen ganz fein schneiden oder mit dem Mixstab pürieren und mit Zucker oder Honig und Vanillezucker zum Frischkäse mischen. Den Aufstrich anrichten und mit Marillenspalten garnieren.

Ein frischer Germstriezel bzw. Hefezopf ist die ideale Ergänzung dazu!

Heidelbeertopfen

250 g Topfen
3 EL Joghurt
2 EL Sauerrahm
100 g frische Heidelbeeren
1 EL Honig oder Ahornsirup
1 TL Vanillezucker

Für die Garnitur:
Heidelbeeren

Topfen mit Joghurt und Sauerrahm cremig rühren, die anderen Zutaten dazumischen, in einer Schüssel anrichten, mit Heidelbeeren bestreuen und zum Frühstück oder als Nachspeise servieren.

Nougataufstrich

200 g Topfen
2 EL Nutella oder Nougatcreme
1 EL fein geriebene Haselnüsse
2 EL Schlagobers
2 EL Joghurt

Topfen mit Schlagobers und Joghurt gut verrühren, die anderen Zutaten dazurühren und zum Frühstück servieren.

Mit Toastbrot essen Kinder diesen Aufstrich besonders gerne!

Frischkäse mit Erdbeeren

200 g Frischkäse
3 EL Joghurt
100 g frische Erdbeeren
1 EL Zitronensaft
1 EL Holunder-
blütensirup
1 EL geriebene Pistazien

Für die Garnitur:
gehackte Pistazien

Frischkäse mit Joghurt gut verrühren, Erdbeeren pürieren und mit den anderen Zutaten zum Frischkäse mischen. Den Aufstrich auf Weißbrotscheiben streichen und mit gehackten Pistazien bestreuen.

Frischkäseaufstrich mit Kirschen

200 g Frischkäse
3 EL Joghurt
1 EL Honig
1 Prise Zimt
100 g entkernte, klein
geschnittene Kirschen

Für die Garnitur:
frische Kirschen,
ganz hübsch:
Kirschenpärchen

Frischkäse mit Joghurt und Honig verrühren, Kirschen daruntermischen und mit Zimt würzen. Den Aufstrich in eine Schüssel geben, mit frischen Kirschen garnieren und zum Frühstück servieren.

Dieser Aufstrich passt sehr gut zu selbst gebackenen Vollkornkipferln!

Topfen-Ananas-Aufstrich

200 g Topfen
1 Becher Vanillejoghurt (ca. 100 g)
3 EL klein geschnittene Ananas aus der Dose
2 EL Ananassaft
1 EL Zitronensaft
Zucker nach Geschmack

Topfen mit Vanillejoghurt gut verrühren. Eine klein geschnittene Ananas sowie Ananassaft und Zitronensaft dazumischen und mit Zucker abschmecken.

Bunter Früchteaufstrich

250 g Topfen
3 EL Schlagobers
2 EL Sauerrahm
Früchte nach Wahl (Erdbeeren, Himbeeren, Brombeeren, Bananen, Orangen)
1 EL Honig
1 EL Orangensaft

Topfen mit Schlagobers und Sauerrahm verrühren, Früchte, Honig und Orangensaft darunterrühren und zum Frühstück servieren.

Dieser Aufstrich schmeckt auch als Nachspeise sehr gut!

Topfenaufstrich mit Walnüssen, Äpfeln und Birnen

250 g Topfen
3 EL Joghurt
3 EL Schlagobers
2 EL geriebene Walnüsse
50 g gedünstete Birnen
1 fein geriebener Apfel
1 EL Zitronensaft
1 EL Honig oder Zucker
2 EL Apfelsaft

Für die Garnitur:
Walnüsse

Topfen, Joghurt und Schlagobers verrühren, Birnen klein schneiden und mit den anderen Zutaten mischen. Den Aufstrich in eine Schüssel geben und mit Walnusskernen bestreuen.

Müsliaufstrich mit Topfen

200 g Topfen
2 EL Joghurt
2 EL Müslimischung
1 EL Honig
1 geriebener Apfel
1 Banane
1 EL Zitronensaft

Topfen mit Joghurt gut verrühren. Banane klein schneiden und Müsli, Honig, den geriebenen Apfel sowie Zitronensaft dazumischen. Den Aufstrich zum Frühstück servieren.

Alphabetisches Register

Die Autorin

Cäcilia Reisinger, genannt Cilli, wurde 1952 in Taufkirchen an der Pram/Oberösterreich geboren. Nach dem Hauptschulabschluss absolvierte sie eine Lehre als Verkäuferin in einer Metzgerei und besuchte dann die landwirtschaftliche Hauswirtschaftsschule in Mauerkirchen. Im Jahr 1971 heiratete sie Alois Reisinger und wurde Bäuerin auf dessen Hof im Taufkirchner Ortsteil Bachschwölln. Sie brachte drei Kinder zur Welt. Im Jänner 2004 wurde der Bauernhof an ihren Sohn Wolfgang übergeben.

Im Jahr 2006 erschien das erste Buch der begeisterten und erfahrenen Brotbäckerin: „Cilli Reisingers Brotbackbuch. Einfach gute Rezepte vom Bauernhof“. In ihrem vorliegenden zweiten Kochbuch verrät Cilli Reisinger zahlreiche Rezepte für gesunde und abwechslungsreiche Brotaufstriche und gibt praktische Tipps dazu.

Cilli Reisingers Brotbackbuch
Einfach gute Rezepte vom Bauernhof

176 Seiten, zahlreiche Farbfotos,
fest gebunden
€ 17.90/sfr 31.70
ISBN 978-3-7066-2396-4

Beim Kochen und Backen geht nichts über den Erfahrungsschatz unserer heimischen Bäuerinnen! Cilli Reisinger lebt auf einem Bauernhof im idyllischen Innviertel in Oberösterreich und ist Brotbäckerin aus Leidenschaft. In diesem Buch hat sie die ganze Vielfalt ihrer Lieblingsrezepte für Sie zusammengestellt und verrät ihre besten Tricks für garantiertes Gelingen.

- mehr als 80 feine Rezepte für Brot und Kleingebäck
- von Cillis beliebtem Bauernbrot über Dinkelvollkornbrot und Zehn-Minuten-Brot bis zu knusprigen Semmeln, Salzstangerln und Weckerln
- zum Selberbacken zu Hause
- mit einfachen Anleitungen und praktischen Tipps zum Brotbacken allgemein und zu den einzelnen Rezepten
- und mit vielen Farbfotos

„Viele Farbfotos und genaue Anleitungen sorgen dafür, dass das Selberbacken zu Hause auch garantiert gelingt.“ *Rieder Rundschau*

„Cilli Reisinger kennt sich aus mit Mehlsorten und Zubereitungsarten. Sie weiß, wie Vollkornbrote gut und saftig werden und welches Brot zu welcher Speise am besten passt. Eine Fundgrube für passionierte Heim-BrotbäckerInnen.“ *Welt der Frau*

„In manchen Bereichen mag es eine Modeerscheinung sein, wenn die Rückkehr zu den Wurzeln gepredigt wird. Bei der Rückbesinnung auf die bäuerliche Küche ist es schlicht Bekenntnis zum Guten, Unverfälschten. Das gilt natürlich auch und in besonderem Maße für unser tägliches Brot, für das der Bauer schließlich das Korn liefert. So ist denn auch dieses Buch eine wahre Fundgrube für alle, die Gutes vom Bauerhof zu schätzen wissen.“ *Region Würzburg*